だいわ文庫

安心感

自己不安を「くつろぎ」に変える

加藤諦三

大和書房

安心感を持って生きるために

はじめに

ラジオのテレフォン人生相談のパーソナリティをはじめてから、私はいろいろのことに気がつきはじめた。その一つは、何と多くの人々が身近な人々の依存心に苦しめられていることか、ということである。あるいは逆に、何と多くの人々が自分の依存心によって他人を苦しめながら、まったくそれに気がついていないか、ということである。

受け身で依存心ばかり強い夫から、毎日くどくどとした押しつけがましい説教をされて悩んでいる妻。また、受け身の親から、憎悪を内に含んだ「愛情」を受けて、心理的に束縛されて、どうしても安心感を持てない子ども。

自らの傷つきやすさに苦しむ人、身近な人の過敏な反応に痛めつけられる人、身近な人が何ごとにつけても煮え切らなくて、ほとほと嫌気がさした人、自分自身の極度の不決断に自分で自分を嫌悪している人、自分の世界に閉じこもり、決してこちらに心を開いてくれない妻に絶望する夫、人々と親しくなりたいと願いながらも孤独から抜け出られない人、それらの人々が何と多いことか、と驚かされた。

このように、くつろぐことを拒否されてしまったことの原因はどこにあるのか、そのことをこの本で考えたかった。

私も安心感のない少年時代、青年時代を過ごした一人である。それだけに、われわれが生きていく上で、安心感というものがどれだけ必要なことであるかは、多少ともわかっているつもりでいる。

安心感とかくつろぎとかということは、長年にわたって私のテーマであった。そして最近、その安心感と、依存心、受け身の間の関係が自分なりに理解できてきたのを機会に、一冊の本にまとめてみたのである。

この本ではまずはじめに、依存心とは何か、ということについて考えてみた。依存心の強い人は、どのように願い、どのように行動し、そしてその行動をどのように解釈するか、ということを前半で書いた。後半では、それならば依存心をどう克服したらよいのか、そして安心感を得るためにはどうすればよいのかを考えてみた。

この本は『安心感』というタイトルであるが、単に安心感の分析ではなく、どうしたら「安心感」を持って生きられるか、ということに重点を置いた。

私は、依存心というのは弱い立場にある人が持つ、というのが自然の法則であると思っている。

たとえば、親が自立心を持ち、小さい子どもが依存心を持つ。そして強い立場にある親が依存心の強い子どもを指導し、子どもは依存心を克服していく。

自立心のある親は、小さい子どもの依存心を受け入れながら、必要な保護を与えて育てていく。依存心は受け入れられることで解消していく。それが成長である。

ところが、この自然の法則にさからうことが社会にはいくらでもある。つまり、強い立場にある人が依存心を持っているということである。強い立場にある人の依存心は、弱い立場にある人の依存心を受け入れない。依存心は依存心を受け入れることができない。

自分より強い立場にある人が強烈な依存心を持っているとき、人は安心感を持てない。

これが安心感についてのポイントである。

人は受け入れられることによって安心感を持てる。強い立場にある人が依存心を持っているとき、弱い立場にある人は、所有されることはあっても、受け入れられることはない。

また、利用されても受け入れられることはない。他方、弱い立場にある人は、相手に役立つことによって評価されようとする。そして相手に評価されようとして、もっと相手に役立とうとする。

この種の人が基本的に誤解していることがある。受け入れられないことの原因を自分に求めてしまうのである。受け入れられないのは、相手に受け入れる能力がないからである。この理解がたいせつである。安心感を求めている人が、もしこの理解を欠けば、いつまでも無駄な努力をして、自分を傷め続けることになる。

相手に役に立つことで受け入れられようと努力する人が、その役に立つことに失敗すると、家庭内暴力や登校拒否のようなことになる。また、役に立つことに成功している限り、その間違った努力を続けておとなになって神経症などになる。

安心感を持てない人は、幼いころから多くの人に「所有」はされたけれど「受け入れ」られることがなかった人であろう。自分にとってたいせつな人に、自分が受け入れられないことによって、自分で自分を受け入れることができなかった。したがって、安心感が持てなかった。そして自分にとってたいせつな人に、他人を受け入れる能力が欠如しているから自分が受け入れられないのではなく、受け入れられないのは自分がより役に立たないからだという決定的な誤解の上に生きてきたのである。

安心感について、この基本を理解すれば、安心感を持つ道は開けてくるであろう。

目次

第II章

なぜ自己不安に襲われるのか

「やすらぎ」を求めて得られない、その根本原因

第III章

対人緊張の呪縛から逃れられない

依存心という〝内面〟に巣食う敵

第Ⅳ章 他人を恐れず、自分にとらわれず

受け身の生き方を転換させるために

他人の感情に吸い込まれる／意図しない影響を人に与えるとき／あなたを尊重してくれる人とつきあうこと／〃過去〃に焦点を合わせるな／財布のなかの二十四時間

精神の歪みの早期発見とそのなおし方

自信のない人ほど自信を失う行動をする／自信を回復させるためには／自分を他人に印象づけようとするな／精神の人間ドック／他人を批評することばの点検を

第VI章

安心感の持てる人間関係をつくる

こうすれば自己不安は「くつろぎ」に変えられる

自分を取り戻すためのその見抜き方

あなたの人間関係を歪める二つのタイプ／共生的関係から共感的関係へ／こんなグループは敬遠しよう

問題箇所発見のポイント

本作品は、現代の観点からは考慮すべき表現・語句が含まれる箇所があるものの、当時の社会背景を踏まえた著作であるため、専門用語を含めて出来るだけ原文のままとしています。

第1章

受け身の生き方からは何も生まれない

甘えと他人依存の心理構造

受け身の人間は傷つきやすい

依存の心理はどう生まれてくるか

甘えから出てくる要求

現代人を評するとき、よく自我の確立ができていない、とか、甘えている、とかいわれる。

甘え、甘えとあっちでもこっちでもいわれるが、ところで、甘えから出てくる要求というのは、どういうものであろうか。甘えている人間は、他人に依存しながら、他人を支配しようとしている人である。

甘えた人間が恋愛をしたときを考えてみよう。相手が常に自分に注目していることを求める。恋人が自分以外の異性と少しでも話をすれば、不機嫌になる。相手が自分に常に注目していてほしいからである。そして、この甘えの気持ちが満たされないと、すねたり、ひがんだりする。

確かに甘えている人間は要求が多い。しかし、この要求というのは、煎じつめれば、他人が自分に注目してほしい、他人が自分を特別な人間として扱ってほしいという要求にすぎない。

甘えた人間が、就職しようとする。そうすると、自分だけを特別に採用してくることを求める。会社で働きだしたとする。上役が自分を特別に扱ってくれることを求める。

確かに、甘えている人間は要求が多いのであるが、この要求というのは、多様なものではなく、今も述べたとおり、煎じつめれば、他人が自分に注目してほしい、他人が自分を特別に扱ってほしいということにすぎない。

自分が今度こういうことをやりたいからそれに協力してくれ、などという要求は、甘えた人間にはない。今度自分はこういう仕事がやりたい、というとき、それに協力を求めるというような要求は、甘えた人間にはない。

他人が自分を特別に扱ってほしい、他人が自分に注目してほしいということは、自分が自分の重要性を確認したいということであろう。

自分の重要性に関して自信を失っているときほど、われわれは他人が自分を重要な人間と認めてくれることを求める。

したがって、甘えている人間の喜びというのも、煎じつめると、一つのことに帰着してくる。他人が自分を重要人物として扱ってくれたということである。

自分のところに他人が何かを頼んできたという場合に、甘えた人間は、たいへんそれをうれしく思う。そのことをやろうとかやるまいとかいうことよりも、自分がいかに扱われたかということに関心を示すのである。

自分がたいせつに扱われたということが、最大の喜びである。自分が何かを達成したということが喜びではなく、自分がいかに扱われたかが喜びと悲しみを分ける最も重要な点なのである。

したがって、傷つきやすくもある。最大の喜びが他人がいかに自分を扱ったかということから出てくる人間は、同時に、その扱われ方のなかで最も深く傷を負うからである。

他人からどう扱われるか

何をいかになしたかということではなく、誰がいかに自分を扱ったかがたいせつになる人間は、受け身で甘えている人間であろう。

自分はこうしたいという能動的な要求を、甘えている人間は持たない。甘えている人間の要求は、すべて受け身の要求なのである。甘えている人間は能動的な要求を持っていないから、いつになっても自信というものができてこないのである。

われわれが自信を持つのは、自分がかくかくしかじかのことをなしとげたということによってである。他人からいかに扱われたかということによって、自信が出てくるのではない。

他人から特別にたいせつに扱われたということは、そのときの喜びであっても、一年たってもなおかつそれが喜びとなるわけではない。今度はそのように扱われないということで、むしろ逆に不満の種になってくる。

「あの人は、自分をこんなふうに扱った」「私はこんなにえらいのに、あなたたちは私にこんなひどい扱いをする」というように不満になるのである。

他人からの賞賛や扱われ方で喜ぶ人は多いが、その喜びは一瞬のうちに消えるものであるということを忘れてはならない。それにひきかえ、自分がかくかくしかじかのことをなしとげたという自信は、一瞬のうちに消え去るものではない。

ある作家が、ある出版社を猛烈にけなしたことがあった。それは、自分に対して失礼な扱いをしたというのである。そして、なぜその扱いが失礼かといえば、他の出版社が自分を他の人とは違う扱い方をしたということとの比較から失礼だというのである。

「他の出版社は私をこんなにたいせつに扱ってくれたのに、あの出版社は私をそのようにはたいせつに扱ってくれない」というのである。

その作家は、自分がこれこれの仕事をしたということに関心があるのではなく、自分がこれこれの扱いを受けたということに関心があったのである。この作家は結局は、大きな仕事ができないで終わるだろう。

なぜなら、「自分がこのような仕事をしたいのだけれど」ということを、他人に向かって、積極的、能動的に主張することはできないからである。また、自分のそのような欲求にしたがって、他人に協力を求めることはできないからである。その人はたえず他人が自分をどう扱うかということに関心を持ち、軽蔑されないかということに恐怖心を持っている。

その人は、他人が自分を重要な人間として扱ってくれるか、扱ってくれないかということに対していつも不安なので、他人に対して、勇気を持って接していくことができない。

つまり、今の作家の例でいえば、出版社に対して「私はこういうものを書きたい」ということいい方のできない人なのである。「こういうものを書きたい」といい、そしてそれだけのいいものを書くことによって、著者というものは自信を持ってくるものである。

しかし、今述べた作家は、出版社から本の書き下ろしを頼まれたということが、最大の喜びなのである。しかし、頼まれたからといって、必ずしも本は書けるものではない。頼まれたけれども、現実に本を書けなければ、その人は自信を持つことができないであろう。そして、自分のなかで「このようなテーマだったら書ける」と思っても、そのことをその出版社にいうことはできない。

何かの会に招ばれた場合も同じである。主催者が自分をどのように扱うかが気になって、気楽に会に出ていくことができない人がいるのである。

忘年会や新年会という単純な会であっても、みなが自分を重要な人間として特別に扱ってくれるかくれないかということが不安で、出ていくことができない人がいる。

甘えた人間は傷つきやすい

甘えた人間は劣等感が強い。したがって、すべてが恩着せがましくなる。「あなたがやりたいというなら、やってあげてもいい」「おまえがしてほしいというなら、してやってもいい」、そういう形でしか、他人と接していくことができないのである。

自分はこういうことをしたいから協力してくれというほうが、よほど能動的、積極的なのであるが、甘えた人間、甘えて劣等感を持つ人間は、それ以前に、「きみが頼んだからしてやったのだ」という行動のしかたになってしまう。

人は受け身で、甘えているからこそ、傷つくのである。

「きみが頼むからしてやったのだ」というような恩着せがましい態度の場合には、常に傷つくであろう。あるいは、常に不満であろう。

人間は能動的になれば、それほど傷つかないものである。なぜならば、傷つく理由が受け身の人間よりはるかに少ないからである。

甘えた受け身の人間というのは、何度もいうように、他人が自分をどう扱うかということに喜びを見出すから、他人が自分をどう扱うかということによって、同時に傷つくのである。

しかし、能動的な人間が自分はこれがしたいということを人に頼んで、断わられたからといって、受け身の人間のように傷つくものではない。なぜならば、能動的な人間が求めているものは、自分があることをやりたいということであり、他人からちやほやされることではないからである。他人からちやほやされたいと思っている人間が、最も他人の言動によって傷つくのである。

傷つくことを避ける道は二つしかない。一つは、いっさい他人と接しなくなること、もう一つは、能動的になることである。

他人といっさい接しなければ、傷つくこともないかわりに、おそらく、生きている意味も感じられなくなるだろう。

能動的な生き方、考え方をするならば、傷つくことも少なく、生きている意味も感じることができるようになる。しかし、そのためには、甘えを克服せざるを得ない。つまり、自己中心的な心情、他人から特別に注目してもらいたいという小さいころの気持ちを克服する必要がある。

幼児は自分が話しているとき、他人が自分のことをきかなければ、だだをこねておこりだす。幼児は母親がほかの子どもにばかり注意を払っていれば、おこりだす。

そのような甘えを克服することによって、傷つくことがなくなるのであろう。

おとなになっても、小さい子どもと同じように、他人が自分に注目してくれないと不満になる人がいる。肉体的には〝おむつ〟がとれても、精神的にはまだ〝おむつ〟がとれていないのである。

甘えと受け身的依存心

先に述べたように、甘えている人間は、自我が傷つきやすい。甘えていれば甘えているほど、他人のことばによって傷つくものである。

甘えているということは、受け身的依存心が強いということである。自分自身が、心理的に周囲の世界に依存しているということである。

したがって、周囲の言動がストレートに甘えている人間の自我をおびやかすのである。そしてたえず傷つきながら、しかもその傷を奇妙にたいせつにすることがある。自分たちが甘えているからこそ、傷ついたのにもかかわらず、その傷をなめあうような関係をつくりがちである。

甘えている人間は受け身的依存心が強いために、周囲に必要以上に受け入れられることを要求し、それが受け入れられないから、劣等感や不安感を持つ。そして、周囲の人間から軽蔑されることを極端に恐れる。

しかし、考えてみれば、なぜある人から軽蔑されるのを恐れるのであろうか。

それは、客観的に見れば、さして二人の関係が深くないにもかかわらず、甘えている人間にとっては、その人の賞賛が必要だからである。さして関係のない人にまで、自分自身が心理的に依存しているからこそ、さして関係のない人からの軽蔑をきわめて恐れるのであろう。

そして、あまり関係のない人のちょっとした言動で極端に傷つく。そして、傷つくことを避けようとすれば。どうしてもそこに虚勢が入る。うそが入る。

われわれが傷つく多くの場合には、自分自身の幼稚さが原因ということがよくある。もちろん、傷つく場合はこういうケースばかりではないが、自分自身が甘えているがゆえに傷ついたにもかかわらず、周囲をうらむような人も多い。自分が無限に周囲に受け入れられようとする幼稚な態度が周囲の拒絶にあって傷つくのである。

甘えとは受け身的依存心であるから、甘えのある人間は本気でものごとをやる気になっていない。甘えている人には、誇りがない。人間を意欲化させるところの誇りを失ってしまい、ただただ他人の言動で傷つくことを恐れている。

ノイローゼになりがちなサラリーマンが、まずはっきりと自覚すべきことは、自分も他人もごまかすことはできないということである。

ノイローゼになるような人間というのは、たいてい自分をごまかして見せようとしている。他人に対しても自分に対しても偽りがある。他人の眼も自分の眼も、決してごまかすことはできないのだということがはっきりわかれば、案外、身が軽くなって、活動的になるものである。

自分の十の実力を二十に見せようとしているから、身動きがとれなくなるのである。自分の実力が十であるなら、十の人間としてふるまおうとすれば、すがすがしい気持ちになり、活動的にもなるものである。

劣等感を持つ人間は他人の評価を気にする

『ファウスト』という大作を書いたゲーテが「大作を書こうとするな」といったことは、実に意味が深いような気がする。ゲーテがどういう意味でいったかは知らないが、われわれは劣等感を持てば持つほど、大作を書こうとしてしまうものである。そして、大作を書こうとすれば書こうとするほど、ものは書けなくなる。

それは、小説であっても論文であってもエッセイであっても同じである。あるいは、人と話をするときでも同じである。研究発表も同じであろうし、会議で報告するのも同じであろう。あるいは報告書を作る場合でも同じであろう。自分が書ける報告書しか書きようがないのに、自分が書ける以上のものを書こうとするから、筆がとまってしまうのである。

それは、手紙を書く場合でも同じである。どうあがいたところで、自分が書ける以上のものが書けるわけがない。それを、書ける以上のものを書こうとするから、味も素気もない手紙になってしまったりするのである。あるいは、ことばだけがきらびやかで、内容のない手紙になってしまうのである。ビジネスマンが仕事をするとき、どのようにあがいても自分にできる仕事しかできないのだ、という自覚が何よりもたいせつであろう。

活動的なビジネスマンを見てみるがいい。たいてい過大評価されることを迷惑がっている。ところが、劣等感が強くて、受け身で他人に依存して、あまり活動的でない人は、まわりから高く評価されることを非常に喜ぶ。実際の自分以上に評価されることを、きわめて喜ぶのである。

しかし、きびしい現実に直面し、決してひるむことなく、しかもその困難を克服するのに全力をあげるような活動的なビジネスマンは、自分が過大評価されることを決して喜ばない。迷惑がるだけである。

それは、その活動的なビジネスマンが妙な劣等感を持っていないからこそ、過大評価されることを迷惑に感じるのである。そして、その活動的なビジネスマンの関心は、いつにかかって仕事であって、他人の評価ではない。仕事を成就することによって、他人の評価が自然に出てくることも知っている。しかし、劣等感が強いビジネスマンは、まずもって他人の評価を気にかける。

他人も自分もごまかせるものではないのだということをはっきり自覚して、自分は自分として行動する以外にないと覚悟を決めた人は、ストレスが少ないだけにあまり疲れることもない。

しかし、自分を実際以上に見せようとする人は、あまり活動的でない上に、たえずストレスを感じているから、活動をしないのに、いつも疲れたような顔になってしまう。

傷つくことをもって感受性が豊かだ、などと決して解釈しないことである。あるいは、自分が活発でないことを世俗的なことに関心がないから、などと解釈しないことである。自分のつきあいが少ないことを、つきあうに足るやつがいない、などと決して解釈しないことである。

自分をかばうようにかばうように、ものごとを解釈していくと、いつまでたっても、晴れやかな気分にはなれない。

他人の眼が気になるのはなぜか

情緒的に未成熟な人間の行動パターン

劣等感はこうして生まれる

ところで、人間はなぜ劣等感を持つのだろうか。

自分が音楽の才能を持たないことは音楽的に見て劣等であるが、それはただちに劣等感を生むものではない。音楽の才能がないのに人前で歌う大音楽家になりたいと思ったとき、それは劣等感となる。駆け足が遅いのに運動会で選手リレーに出たがる人は劣等感を持つ。駆け足が遅くても選手になりたがらない人は劣等感に苦しむことはない。

受験勉強が苦手のくせに有名大学に入ろうとする人は劣等感を持つ。さらに大音楽家になりたいとか、社長になりたいとかいう欲求が激しければ激しいほど劣等感もまた激しくなる可能性がある。

自分が劣等であることを自分が受け入れられないとき、人間は劣等感を持つ。そして、この劣等ということは相対的な問題であって、何か絶対の基準があるわけではない。

会社の運動会で速いことで満足できるのか、オリンピックに行かなければ満足できないのかということである。そして人間はなぜ社長になりたいと思うのか、なぜ選手になりたいと思うのか。

たとえば小さいころ、お金がないということで他人に軽蔑されて、貧乏であることに激しい劣等感を持っている男がいたとする。彼は何としてもお金持ちになりたいと願う。彼は金持ちになって愛する人の生活を楽にさせてやろうとしているのではない。彼が金持ちになりたいのは口惜しいからである。小さいころ貧乏で馬鹿にされて傷ついた自尊心をいやすためである。彼は自分のために金持ちになりたいのだ。

しかし、もし彼が貧乏を馬鹿にされなかったら、実業家ではなく、学者になっていたかもしれない。彼にとって、実業家になって働きまくることは自分の個性、適性にあっていない。人間はときに自分の適性を無視して、一時の感情で一生の道をあやまるときがある。一時の怒りで一生を棒にふる人もいるし、一時の魔がさしたような悪で一生不幸になる人もいる。なかでも劣等感で生涯をあやまる人は実に多い。人間にとって最後に問題になるのは自分の適性であって、他人と自分とを比較したとき出てくる劣等感などではない。

青年時代は比較的理想主義的気分に傾くとよくいわれる。自分で自分を受け入れられず、高い要求水準をかかげて失敗をかさね劣等感を持つ。しかも、この高すぎる要求水準に固執して、これを変えることがなかなかできないために、劣等感は深まる一方となるケースがある。

"かっこう"をつけたがる人たち

サッカーを全力でやった人間は、英語ができないということには劣等感を持たない。

自分が英語ができないということを認められるということは、英語ができる人のなかにいても英語を知ったかぶりする必要がないということである。

自分が何か一つのことに全力を尽くした人間は、自分が何かができないということに劣等感を覚えない。したがって、当然かっこうをつける必要がないのである。

ところが、サッカーをやるとか、英語を勉強するとかということに熱中したのではなく、劣等感から、自分をいかに重要な人間に見せるか、いかに自分が価値があるかということを見せるかということに気をつかって生きてきた人は、どこにいても自信がない。

つまり、お金を持っている人たちの間に行けば、自分がいかに金持ちであるかというようなかっこうをし、学問のある人たちの間に行けば、いかに自分が学問があるかというかっこうをし、スポーツができる人の間にいれば、自分がいかにスポーツができるかというかっこうをする。

人間は、すべてのことができるわけではない。もちろん、スポーツに熱心な人のなかにも勉強に関心のある人もいる。しかし、どちらかが趣味という場合が多いであろう。学問に熱心な人でも、スポーツに関心のある人がいる。しかし、多くは、それを趣味としてやっているのである。

学問に自信のある人は、金持ちの間にいても、自分が金持ちであるという顔をする必要性を自分のなかに感じない。自分が貧乏であるということに気づかないからである。

また、死にものぐるいで社会的によい仕事をしてお金を得た人は、たとえ学歴がなくても、学歴のある人の間に入って傷つくこともないし、自分は学問があるのだという顔をする必要を、自分のなかに感じることもないであろう。

ところが、劣等感を持って生きてきた人というのは、学問の世界に接すれば、自分がいかに学問があるかということのかっこうをつけようとするし、お金のある人の世界にいけば、いかに自分がお金があるかというかっこうをする。

誰でも、傷つくのは嫌であるから、傷つかないためには、その場その場をとりつくろうことになってしまう。そして、結局は、何一つなしとげることができないで、年を取ってしまうのである。

甘えた人間は、周囲が自分を特別の人間として扱ってくれることを求めるから、どの世界にいっても傷つきがちである。そして、それゆえに劣等感を持ち、さらに傷つくことになる。

依存心が強い人間が他人を気にする

では、どういう人が最も他人の眼を気にするのであろうか。他人が自分をどう思っているか、他人が自分をどう見ているか、そういうことに最も気をつかう人は、いったいどういうタイプの人であろうか。

一口にいってしまえば、依存心の強い人である。依存心が強ければ強いほど、他人が自分をどう見ているかということが気になるものである。

何をするにも、こんなことをしたら嫌われないだろうか、こんなことをしたら馬鹿にされないだろうか、こんなことをすれば尊敬されるだろうか、ということで行動する人がいる。そのような人は、依存心の強い人なのである。

なぜ、他人が自分をどう見ているかということがそれほど気になるのであろうか。

それは、他人が自分をどう見ているかということが、自分の気持ちに多大な影響を与えるからである。他者のなかにある自己のイメージが、自分の感情に決定的な影響をおよぼすからであろう。よく思われていればうれしいし、悪く思われていればつらい。

ところで、自己には、三つの自己がある。第一は自分が思っているところの自分、第二は他人が思っているところの自分、そして第三は他人が思っているであろうと自分が思う自分――この三種類である。そして、この三種類の自己は、必ずしも一致するものではない。

他人が自分のことを何にも考えていないのに、勝手に自分がいろいろの反応を起こす場合がある。つまり、他人が自分を軽蔑していないのに、他人のふとした行動やことばづかいから、勝手に自分が軽蔑されていると感じることである。

他人の意図とはまったく別に、自分が勝手に傷つく場合がある。あるいは逆に、他人は別に自分を尊敬もしていないのに、あるしぐさから勝手に自分を大物として評価したと感じる場合もある。

他人のことばや動作というものは、その人の意図とはまったくかけ離れて、われわれに影響を与えるものである。

そして、他人が自分をどう思っているかということを極端に気にする人のなかには、他人の意図とまったく異なった結果を自分のなかに生みだすことが多いのではなかろうか。

他人の表情や動作について臆測に臆測をかさねて、一人で怒り傷ついている人がいる。

「先生は僕がカンニングすると疑って、試験中僕のそばにいた」とある先生の行動を臆測する学生もいる。他人の行動をすべて自分との関連でしか解釈できないのである。外の世界を自分の主観によって変化させるのである。外界の主観化ということは依存心の強い人のよくやることである。

そして劣等感の強い人は、どうしても自分の周囲に劣等感の強い人を寄せ集めてしまうから、その眼鏡の歪みに気がつかない。

われわれは他人の表情や動作を解釈してしまうのである。その当人と他人との間にズレができてしまう。

劣等感が強いと、相手の表情や動作を、相手のなかで解釈しようと努力できない。自分が軽蔑されることを恐れているから、自分のなかで解釈してしまう。

このように自分が他人の眼にどう映っているかの判断はしばしば間違っている。他人の体験内容をわれわれは直接無媒介に知ることはできないのである。自分の眼鏡を通してようやく知ることができる。

そして情緒的に未成熟な人はこの眼鏡が歪んでいるのである。この眼鏡こそ、その人の表現なのである。直線も曲線に見えてしまうし、曲線も直線に見えてしまうことが多い。

父親が情緒的に未成熟だと…

われわれの依存心は、基本的には、現実と直面することから克服されてくるものである。現実に直面することを避けていれば、いつになっても依存心は克服できるものではない。

たとえば、親子関係で考えてみよう。父親が情緒的に未成熟で、すぐに不機嫌になる人であったとする。そのような父親というのは、他人のことばによってすぐ不機嫌になる。他人のことばによってすぐ傷つく。他人の言動に敏感に反応する。

たとえば、子どもが父親とはまったく関係なく、ある人を賞めたとする。そのとき、子どもの側には、何ら父親を傷つけようという意図はない。しかし、父親の側は、自分の子どもが「あの人は立派な人だ」といったことばに傷つく場合がある。それは、その子どものことばによって、自分の劣等感が刺激されたからである。

子どもの側は、父親の劣等感を刺激しようなどという意図はまったくなく、単に自分が尊敬している人を「尊敬している」といったにすぎないが、父親にしてみれば、その子どもの「あの人は立派なんだ」ということばによって、自分の劣等感が刺激され、不機嫌になる。自分の自我が傷つく。そして、子どもをなじりはじめる。

子どもの側にしてみれば、どうして自分のことばによって、父親がそれだけ不機嫌になったか、どうして自分がおこられるかわからない。

一時代前であるならば、父親と子どもとの関係において、父親は決定的に強い立場にあった。

ある小学生の子どもが、

「こがね虫は金持ちだ。金蔵建てた、蔵建てた」

という学校で教わった歌を歌ったことによって、一晩中父親からおこられたことがあった。

子どもにしてみれば、単に小学校で習った歌を歌ったというにすぎない。しかし、子どもの側が、何ら父親を責める意図を持たず、学校で習った歌を歌ったというだけにすぎなくても、父親の側が自分は金持ちではないという劣等感を持っていた場合に、その歌はきわめて不愉快な歌になる。

いったん不機嫌になった人間というのは、泥沼のようにその不機嫌の感情から抜け出すことができない。

子どもをなじりだした父親は、二時間たち、三時間たっても、自分の感情が回復することはなかった。明け方まで、子どもをなじり続けたという。今のような時代ならまだしも、一時代前には、子どもというのは、父親に逆らえないような社会的雰囲気、文化的環境があったのである。

自分の感情を持てない人間

ところで、このような場合、子どもはどうなるであろうか。

このような場合、子どもはまずびくびくした性格に育つに違いない。自分の言動が、自分の予期したこととまったく違った結果を周囲にもたらすということを知るからである。

自分は、父親をおこらすために歌ったのではない。むしろ「こういう歌を学校で習った、そしてうまいとほめてもらいたい、父親も喜んでくれるだろう」と予期して学校で習った歌を歌った。

ところが、予期に反して、自分はおこられた。歌といい、動作といい、ことばといい、それがすべて自分の意図したこととは、まるっきり違った結果を次々に周囲にひき起こす。自分が喜んでもらおうと思っていったことばによって、相手は不機嫌になる。

しかも、父親は自分より強い立場にある。そして、学校に行っているときを除いて、基本的には二十四時間いっしょにいることになる。そうなると、子どもはたえずびくびくしながら、自分のことばを発し、自分の動作をしなければならない。そして、その強い立場にあるものに認められて生きていくためには、自分の感情を持ってはならないということを知る。

つまり、自分はこの歌はいい歌だと思って歌ったところが、一晩中父親になじられる。あるいは、自分が教科書のなかで知ったある人が立派だと思って、「あの人は立派だ」といえば、また、一晩中なじられる。

そのようなことの結果として、子どもは自分の感情や自分の意見をこわくて持てなくなる。そして結果としては、子ども自身も親の感情に依存してしか生きていけなくなるのである。

子どもは、親が何を非難するかをよりよく知り、その親の非難するものをいっしょに非難しようとしはじめる。つまり、自分の感情から、親をほめても親は喜ばないことがあるが、親の感情に合わせてことばを吐けば、親が喜ぶ場合もある。

そうなると、子どもは自分の感情を捨てて生きることを学ぶ。それが家庭のなかにおいて最も平和な摩擦のない生き方であることを知るからである。しかし、この子どもは成長することが不可能になる。

そのとき、子どもがもし正面から父親に対して、いったい、なぜ自分のことばがかくも父親を傷つけたのか、はっきり聞くという態度に出たとき、これこそがまさに現実と直面するという態度である。

父親は自分より強い立場にある。しかし、それにもかかわらず、決して父親を避けてとおろうとしないという態度である。

「つくられた自分」と「ありのままの自分」

この子は生まれた環境としては、かなりきびしい環境に生まれたことになろう。ふつうの親ならば、これほどひどい対し方をしないかもしれない。しかし、現実に、それぞれの人間はそれぞれの家庭に生まれてくるのであって、自分がある家庭を選んで生まれてくるわけではない。

このようなとき、この子どもがまずなすべきことは、たとえどんなにつらくても、父親と対決するということであろう。この子どもが父親と対決するということを避けてとおる限り、永久に依存心を克服するということはできない。つまり、死ぬまで、他人が自分をどう思っているかということを、気にしながら、生きていくしかないということである。

しかし、この子がもし父親に向かって、「自分は決して、そう思っていったのではない」「お父さんを傷つけようと思って、このことばを吐いたわけではない」「お父さんを不愉快にさせようと思って、この歌を歌ったわけではない」というように、父親と直面していく態度を見せるならば、この子は、依存心を克服していくことができるであろう。

もちろん、小学生にそれはむりであるとしても、二十歳前後には、それをおこなわなければならない。それを避けると「つくられた自分」として一生が終わる。つくられた「自分」として青春を生きた人は、自分が青春を「生きた」という実感を持つことができない。

それにもかかわらず、この「つくられた自分」を変えることは恐ろしいのである。なぜなら「つくられた自分」は親に受け入れられているからである。しかしどんなに親に受け入れられているとはいえ、所詮《しょせん》「つくられた自分」は「つくられた自分」であって本当の自分ではない。

たえず「ありのままの自分」を見破られるのではないかという漠然とした不安感を持っている。その不安がストレスを生む。たえず「ありのままの自分」を「つくられた自分」のうしろに隠しているわけであるから落ち着かない。そうなると、ストレスで疲れやすい。「つくられた自分」と「ありのままの自分」に引きさかれて不眠症に悩むことにもなる。

「つくられた自分」と「本当の自分」に引きさかれたまま、いかに「眠ろう、眠ろう」としても眠れるわけではない。「つくられた自分」として、他人に受け入れられ、他人に好感を持たれるようふるまっていても、内心の自信のなさは解決できるものではない。

「つくられた自分」としてふるまうのは、まだ父親を喜ばせようと努力していることであって、依然として依存心の支配は続いている。親を喜ばせたい、他人の評判を維持したいということから、決して「本当の自分」を発見されないように、というストレスは続く。

「つくられた自分」として生きるということは「本当の自分」を傷つけ続けるということである。依存心の強い人間にとっては、自分を傷つける行動が自分に最も安易な行動であることが多い。

第 II 章

なぜ自己不安に襲われるのか

「やすらぎ」を求めて得られない、その根本原因

つねに〝逃げ道〟を求める人たち

現実との直面を避けていないか

いっさいの逃げ道はふさがれている

ある探検家の友人から聞いた話であるが、探検に出かけて、体力的に限界に達したときに、思わず引き返したくなるという。しかし、そのときに引き返すことが破滅への第一歩であるという。

僕は、この探検家のいうことはもっとものような気がする。

つまり、つらくなると逃げたくなるのである。しかし、逃げることは、その時点では楽でも、最終的には破局へ向かって進んでいく。探検家の場合は、肉体的な例であるが、それは、精神的にも同じことであろう。

われわれがまず自覚しなければならないことは、現実からは逃げることができないのだということである。

われわれは生まれてきた以上、いっさいの逃げ道をふさがれているということを明確に自覚し、現実に直面していくことが生きのびる唯一の方法だということを知らなければならない。

先の探検家の言葉を借りれば、安心感を失った人々は生きる姿勢として引き返す方法をとってしまったのであろう。

〝モラトリアム人間〟ということがさかんにいわれるが、モラトリアム人間というのは、三百六十度逃げ道しかないと考えている人間のことである。

たった一本の逃げ道さえもふさがれているのが、われわれ人間であるのに、自分のまわり三百六十度が逃げ道であると錯覚しているのがモラトリアム人間なのである。

そして、逃げて逃げて逃げまくった結果が、目的意識を失い、生きているはりを失い、ただ、その日その日をむなしく生きるようになってしまったのである。

モラトリアム人間というのは、避けることのできない現実を避けようとした人たちなのではなかろうか。

モラトリアム人間というのは、アイデンティティを失っている。

アイデンティティというのは、いろいろな定義がある。それについて書かれた本がいろいろあるが、僕にいわせれば、「逃げのない」ということである。

自らの生を支えるアイデンティティ

たとえば、山の男がいるとする。おれは山の男だと、その人間が思っているとする。その人間にとってのアイデンティティというのは、山男である。

その山男が、ある山を前にしてひるんだとしよう。自分自身なり仲間がその男に向かって、「おまえ、山男だろう。やってみろよ」といったとき、もし、自分が山男だという誇りを持っているならば、あとにひけないのである。「おれは山男だから、どうしてもこの困難は避けてはならないのだ。おれは山男だから、この困難に挑戦しなければならないのだ」

つまり、「おまえは山男だろう」と、自分あるいは他人からいわれたときに、その人間にとっては、もはや逃げ道がないのである。

それは、海の男についても同じである。寒い冬の海を前にして、手がちぎれるような冷たさをこらえて、ロープを握る。「さあ、この冬の海に乗りだしていこう」とするとき、一瞬、ひるんだとする。

そんなとき、自分で自分に、「おまえは、海の男だろう。シーマンだろう」といったとする。

あるいは、自分の海の仲間にいわれたとする。そのとき、その男にしてみれば、「海の男だろう」といわれたら、もはや逃げ道がないのである。

想像されるあらゆる困難を前にして、その人は、海に挑戦していかなければならない。海の男でなければ、「やっぱり、この困難はつらいから嫌だ」と、逃げることができる。しかし、海の男としての誇りを持って生きている人間にしてみれば、「おまえ、海の男だろう」といわれたら、それでもはや逃げ道がないのである。

それは、女性の場合でも同じである。

ラグビーにしても同じであろう。「おまえ、ラガーだろう」といわれたら、もはや、やるしかないのである。

ラガーとしてのアイデンティティを持っていない人間にしてみれば、逃げ道はいっぱいある。

しかし、ラガーとしてのアイデンティティを持っている人にしてみれば、「やれよ、おまえラガーだろう」といわれたら、そこでおしまいなのである。

いっさいの逃げ道をふさがれている。それがアイデンティティである。「おれは芸術家だ」「おれは学者だ」「おれは男だ」「おれはランナーだ」「おれは実業家だ」その他、さまざまな形のアイデンティティがあるが、それが真に自らの生を支えるアイデンティティである場合には、逃げ道がいっさいふさがれているということである。

モラトリアム人間は、そういうアイデンティティを持っていない人間のことであろう。所詮、生きることには逃げ道がないのである。

恩着せがましい人間などというのも、逃げをたえずつくらなければ生きていけない人のことである。

何か自分でやったときに、「これは、おれがやりたいからやったのだ」という形で、ものをいえない。「おまえのためにやったのだ」という。たえず、自分の気持ちに逃げをつくっているのである。

現実に直面し、自分に直面する

現実に直面するということと、自分に直面するということとは同じである。

恩着せがましい人間というのは、相手の逃げをふさいで、自分の逃げをつくる人のことである。

加害者という立場においても、逃げをつくる人間というのがある。自分の立場をぼかしてしまう人である。

自分の立場を明確に自覚するということは、自分のなかに逃げ道をふさいでしまうということである。しかし、そのことによってしか、立場の違う人間と連帯することはできないのではなかろうか。

立場の違う人間に対して、お互いに立場を明確にすることなく、お互いに現実を避けて、連帯を口にしてみたところで、所詮、それは何らかの現実に直面したときに崩壊してしまう連帯でしかないであろう。

それぞれ、自分の置かれた立場というものを、どんなにつらくてもきちんと自覚し、自分自身に直面し、現実に直面することである。

その自分自身を背負って生きていこうという態度のなかでしか、劣等感や欲求不満は解消されないのである。

そのような姿勢をぬきにして、自分をとり囲む状態がどのように変わろうと、それは、ほんとうに生きているという実感を人々に与えない。

人のいっていることが気になるとか、他人が自分をどう見ているか気になるということは、結局、現実に直面することを避けたことの結果なのである。

劣等感を持ったり、他人のことが気になったり、欲求不満になったり、いらいらしたり、それらの諸々《もろもろ》のわれわれにとって好ましくない感情というのは、現実に直面することを避けたことの結果として、生まれてきたものであろう。

われわれは、この世に生まれた以上、決して避けてとおれないことがたくさんある。避けてとおれないことを避けようとした、そのようなことの結果が、劣等感であり、欲求不満であるのだろう。

われわれには、もともと逃げ道はなかったのである。ない逃げ道を逃げようとしたこと、そのことによって、われわれの感情は不安定になったのである。

自分が加害者であるという立場にもかかわらず、被害者意識に立ってものをいうということは、非常に楽である。

自分は加害者でありながらも、被害者的立場を意識的にとることは、気持ちの上では楽なことである。

〝悪いのは、自分ではなくて、あの人である〟〝自分はこれだけ誠意を持ってやったのに、あの人は自分を裏切った〟その他諸々、われわれにとって、被害者意識に立ってものをいうことは楽なのである。

依存心の強い人間は「やすらぎ」を得られない

なぜすぐ疲れやすくなるのか

自分を充実させるための目的

ところで、依存心の強い人が目的を持つと、その目的はその人を不安にしがちである。目的の持ち方には、二種類あるような気がする。一つは、今、自分のやっていることを充実させるために持つ目的である。そのような目的を持つ人は、今、ここにおいて自分のできることを、コツコツとやっている人であろう。

よく、「何かをしたいのだが、何をしていいのかわからない」という人に出会う。しかし、そのような人に会って、話を聞いてみると、自分は何かユニークなこと、偉大なこと、立派なことをしたいというのである。今、ここにあることをしたいというのではなく、ユニークなことをしたいということなのである。

しかし、偉大なこと、ユニークなことをした人は、そのような発想をしたであろうか。

決してそうではないであろう。

前にも紹介したようにゲーテは、「大作を書こうとするな」といっている。たしかに大作を書こうと意識するならば、おそらく、大作は書けないだろうと思う。

今、自分の書けること、今、自分にとって書く必要のあること、今、自分が書きたいこと、そのようなことを、せいいっぱい力の限り書いていくしか、ものの書き方というのはないだろう。その結果として大作ができるかもしれないし、大作ができないかもしれない。しかし、大作ができたかできないかという結果がたいせつなのは、自分にとってではなくて、他人にとってである。自分にとっては、せいいっぱい書き続けてきたということで満足できるのであろう。

僕は、ある雑誌の対談で、世界の三大北壁を単独登頂した長谷川恒男さんに会ったことがある。グランドジョラスの単独登頂をした直後であった。僕は、長谷川さんに、

「あなたは偉大なことをしたという意識はないのではないですか」

と聞くと、彼は、

「そうですね。そういう意識はありませんね」

と答えた。いろいろ登山のプロセスを聞いてみると、まず、丹沢を歩いて登山の喜びを

知ったという。つまり、グランドジョラスに至る道が一歩一歩、開かれてきたということであろう。

一歩を踏みだしてから、次の一歩を考えるのであって、最初から、グランドジョラスを登ろうと計画したわけではない。一つ一つ登っているうちに、結果として、グランドジョラスを登頂できたということである。

それは、自分で作ったヨットで太平洋を一人で横断した堀江謙一氏についても同じであろう。堀江氏には会ったことがないが、彼にとっても、セーリングすることが最もたいせつであったのであろう。そのセーリングという行為を充実させるために、太平洋横断というものが出てきたのであろう。

ものを書くという行為にしろ、山に登るという行為にしろ、今、ここにおいて自分のできることを全力でやることによって達成されるものがある。そのような形で出てくる目的というのがある。そのような目的は、必ず行為というものを充足させるに違いない。

人を不安におとしいれる目的の持ち方

それにひきかえ、まず、目的から先に出てくるという目的というものがある。

あるときテレビを見ていたら、小学校低学年の生徒が、眼鏡をかけて出てきた。そして、「東大を出て、大蔵省に入り、主計局に行きたい」といった。小学校低学年では、おそらく中学校や高校、大学ではどういう学問がなされるかさえ、知らないであろう。大学の学問を理解するためには、高校で学ぶ必要がある。そして、それらの果てに出てくる目的であるならば、それは、その人の勉強を意味あるものにするかもしれない。しかし、小学校の低学年から、「大蔵省主計局」という目的が出るのは、今述べてきたような形の目的の持ち方と違うのではないだろうか。

この子の場合には、まず最初に目的があったのである。そして、この目的を達成するための手段として、勉強というものが出てきたのであろう。まず勉強ということがあって、そののちに出てきた目的と、まず目的があって、その手段として勉強するのとでは、まるっきり違う。

そして、このような目的の持ち方というのは、人を不安にする。なぜならば、この場合でも、もし大蔵省の主計局に入れなかったらどうしようという不安を、当然持つであろう。そして、大蔵省主計局に至る過程は明るくバラ色の世界であり、それをはずれた挫折の道は暗い世界である。

そのように世界は明暗に二分される。明暗に二分された人生を生きるのであるから、常に緊張と不安にさいなまれるに違いない。

このような自分を不安におとしいれる目的を、なぜ人は持ってしまうのであろうか。それは、やはり依存心からとしか解釈しようがない。依存心の強い人は、あとでくわしく述べるが、他人の要請によって動くのである。

この子の場合、おそらく親からの要請があったのであろう。自分を、親の要請から出てきた目的を達成するための手段としてしまったのである。それはとりもなおさず、自分を親の奴隷としたにすぎない。

自分自身を奴隷化してしまう人が、依存心の強い人なのである。

もちろん、このとき、この子どもを責めるわけにいかない。責められるべきは、当然、親のほうである。

しかし、この子どもが小学生から中学生になり、高校生になり、あるいは大学生になってもまだ、親の要請で動く自分をどうすることもできないとすれば、やはり、その人自身にも責任があるだろう。

「何をやったらいいのかわからない」

依存というのは、常に相互関係である。親がそこまで子どもに要請するのも、そのようなことを可能にするものを、子どものなかに嗅ぎ分けるからである。

たとえば、子どもが五人いたとする。そうしたとき、依存心の強い親が、五人の子ども全部に同じような要請をするかというと、決してそうではないであろう。甘えて依存心の強い親は、その五人のなかでどの子どもが自分の要請を快くひきうけるかということを、嗅ぎ分けるに違いない。

ずるさというのは、常に弱さに敏感なのである。甘えて依存心の強い親というのは、ずるいに決まっているから、五人の子どものなかの誰を攻撃すれば自分の目的が達成されるかということを、嗅ぎ分けるのである。そして、その五人のなかで、一人を選ぶときもあるし、二人を選ぶときもある。

いずれにしろ、五人に均等な度合で自分の要求を要請するものではない。つまり、依存心の強い親の犠牲になるのは、子どもの側でも犠牲になる要素をすでに持っていたということになろう。

おとなになってから、自分が親の犠牲になって育ったということを自覚する人は多い。

しかし、そのときにたいせつなのは、自分の側にも、親の犠牲になるような要素が他人よりも多かったということを認識することである。

いずれにしても、親の要請である目的を持った人は、不安にさいなまれる。つまり、今述べたごとく人生が明暗に二分されるからである。

もし、その目的を実現できなかったならばどうしようという不安は、常につきまとうものである。あるいは、その目的の実現に向かって常に強迫されているのである。

依存心が強いということは、生きることにとって致命的なことなのである。

「何かをしたいのだが何をしてよいかわからない」という人も依存心の強い人だというのは、このためである。

小さいころ、親の要請から目的を持つことが多かったに違いない。そのような形で生きてきて、あるところでその要請がとぎれてしまったのである。自分自身が望みを持つという習慣を身につけていないのである。したがって、まず目的を持とうとするから、「何をやったらいいかわからない」といういい方になる。

恐怖感から行動する人間は……

親を喜ばすこと、あるいは親にやさしくするということについても、二つの動機があるということを忘れてはならない。

親の要請にしたがって生きてきて、きわめて劣等感の強い子どもがいた。その子どもが大学を卒業し、ある会社に勤めた。そして、車を買って、まず親を乗せたのであるが、その子どもの場合、バーに行けば、自分は親からかわいがられなかったとか、兄貴ばかりがかわいがられたとか、ひがんだことばかりをいっていた。そして、激しい劣等感を持っていた。他人に対するやさしさなど、何も持っていない人であった。

彼が車を買って誰よりも親を喜ばそうとしたのは、自分のなかの恐怖感なのである。依存心から脱け切っていないから、親を喜ばすことが自分の喜びとなってしまったのである。

それに対して、親を喜ばしたいというとき、親に対するやさしさから、親を喜ばしたいという気持ちもある。それは、自立心から出た行為である。

他人に向かって、ほんの少しやさしくするだけでも、人間というのは満ち足りてくるものである。依存心の強い人は、他人に対してやさしくする動機が、他人に好かれたい、他人から拒絶されるのがこわいという動機であるから、やさしくしても精神的な満足感が得られないのである。

他人から拒絶されるのがこわいという恐怖感から他人に親切にした人は、そのことによって、よけい他人から拒絶されることの恐怖感を強めてしまっているのである。

しかし、他人に対するやさしい思いやりから他人に親切にした人は、その行為のなかでやすらぎを得るであろう。

活動的な人のなかにも、恐怖感から活動している人もいれば、やさしさから活動している人もいる。その両者の違いは、本人のいらいらした気持ちを見ればわかる。

いらいらしている側は恐怖感から活動的なのであり、やさしさから活動的な人間は、それなりにやすらかさを味わっている。

そして、どちらが疲れやすいかといえば、当然、恐怖感から行動する人間のほうが疲れやすいであろう。なぜならば、恐怖感から活動している人間は、常に、ストレスにさいなまれているからである。ストレスが人間を疲れさすのである。

疲れやすい人の心理

神経症の人は、たとえば病気になるまい、なるまいとする過度の努力で疲れてしまうという。

別に病気になったっていいのである。病気になったら、そのことで健康な毎日の幸せがわかる。喪失は目覚めであるともいう。失ってみてわかることもある。

しかし神経症の人は、病気になったらたいへんだと恐れている。別に病気になったってそんなたいへんなことはない。病気にでもなったらたいへんだ、と自分の身体の健康に過度に気を配ることで疲れてしまう。自分の健康に過度に気を配ることで、よけい病気になることがこわくなる。

もともと大袈裟に病気を恐れているということはあるが、それよりも過度に用心をすることでエネルギーを使う。用心することにエネルギーを使ったことで結果としては、前よりもっと病気になることを恐れるようになってしまっている。

やがて病気に対する恐怖は病気という実体を離れてしまう。こわがるからこわいのである。ノイローゼになる人は病気になったらたいへんだ、というように病気に気をつかう。

つまり自分の健康に執着する。

執着すれば、蚊の声さえ大問題である。執着しなければ、死ぬことすら自然である。悩んでいる人の八割までは、自分で自分を悩ましているにすぎない。

執着する、ということは、無になれない、ということである。無になる、ということは自分を投げ出す、ということであり、自分を投げ出すということは、外に向かって心を開く、ということである。外に向かって身構えないことが、無になるということである。

ところが、劣等感があると、なかなか自分を無にすることができない。どうしても身構えてしまう。傷つくことがこわいのである。

立ち向かう姿勢から解決が生まれる

劣等感を持っていると何でもない話でも自分に向けられた攻撃と受け取ってしまう。したがって話している本人は他意がなくても、劣等感を持っている側は、自分をいかに高く見せるかという姿勢で答えようとする。

だから会話がつまらない。劣等感を持っている人間は他人と心の交流を持つことがむずかしい。いつも防衛的姿勢になっているからである。このようにして自分で自分を傷つけていってしまう。

ところが、劣等感を持っている人は自分で自分を傷つけたとは思わずに、他人に傷つけられたと思って、他意のない他人をうらむ。そして劣等感のある人は他人の一言に執着する。

いったほうは、相手を傷つけようとしたのではないのに、その一言に執着する。他人の賞賛を求めるからこそ、他人のことばに傷つくのである。健康に執着するから、病気になることを過度に恐れるのである。

かつて神はソロモンに「何を願うか」と聞いた。そのときソロモンは知恵を願いでたという。ソロモンは知恵を願ったからこそ、富や栄誉を得られたのであろう。

私は、「すこやかファミリー」という雑誌に「青春のシナリオ」というタイトルで連載記事を書いていた。その雑誌に次のような話が出ていた。

「ランニングで狭心症を治したランナー」というタイトルである。アメリカの話である。わずかに運動しただけでも心臓に痛みが生じる狭心症の患者がいた。その患者は重症の狭心症であったために意気消沈してしまい、ランニングをして自殺しようと決意した。保険会社はランニング中の事故を自殺とは見なすまいと考えたのである。

彼は疲れて立ちどまるまで、それこそ必死に走ったが、驚いたことに死ねなかった。翌晩もさらに長い距離を走って、疲れ切ってやめた。

毎晩毎晩彼は走り続けた。そして一気に二マイルも走れるようになった。ところが、それほど走れるようになったころには狭心症の症状も消えてしまっていたのである。彼は規則的にランニングするようになり、自殺への関心もなくなってしまった。

避けよう、逃げようとするからかえって逆に執着してしまうのである。立ち向かおうとすれば多くのことは解決がつく。劣等感があると、ついついものごとから逃げようとしてしまう。

彼が狭心症から身体を過度にたいせつにしようとしたら、もっと重症になっていたであろう。

確かな自分が感じられない…

受け身的依存心が自己不在感を増幅させる

自分のことばで話すことができない

依存心の強い人は、相手の土俵に乗って戦ってしまうという結果になってしまう。自分の土俵がない。

他人に依存しない生き方をする、つまり能動的に生きるためにまず必要なことは、相手の土俵から出るということである。

何度もいうように、依存心の強い人は、誰かとの特殊な関係がある。その相手の特殊な人が誰かということは、依存心の強い当の本人が知っているはずである。その人の土俵から外に出るということが、依存心克服のためには必要なのであろう。

まず第一歩は、自分と特殊な関係になっているのは誰かを見定めることであり、自分自身にも、そのような特殊な関係をつくる要素があったということを認めることである。そして第二歩は、その相手の土俵から、自分が外に出ることである。

依存心の強い人は、その特殊な関係を持った人の土俵のなかでしか、ものごとを考えることができない。それが、視野が狭いということである。

学者のなかにも、学問以外の世界を軽蔑する人もいれば、学問以外の世界を素直に認める人もいる。

学問以外の世界を軽蔑する学者というのは依存心の強い人なのであろう。何らかの形で、相手の土俵でものごとを考えている人である。小さいころ、親からの徹底した教育を受け、学問の世界にほうり込まれたなどという体験を持っている人である。

学問をやりながらも、学問以外の世界を認められるような視野の広い人というのは、おそらく、特殊な相互依存の関係を誰かと結び、その相手の土俵のなかで考える必要のなかった人であろう。

依存心ということをいうと、少年少女時代特有のものと考えがちであるが、七十歳、八十歳になっても、依存心の強い人がたくさんいるのである。中間の四十歳、五十歳にも、依存心のかたまりのような人がたくさんいる。

依存心の強い人が、相手の土俵のなかで考えるということは、別のことばでいえば、依存心の強い人は、自分のことばでものごとを話していないということである。したがって、何を話していても、自分の話していることそのものに、その人が確信を持てないのである。

自分がしゃべりながらも、自分がしゃべっているような気がしない。むずかしいことをいっても、何かそれが自分のことばとなっていないとき、しゃべっている自分と本当の自分が分裂しているような感じに襲われるであろう。自分がしゃべっているのではなく、誰かがしゃべっているような感じを受けるのである。

自分のことばが持てないということは、自分自身として、ものごとを考えることができないということである。それは同時に、その人が自分自身として生きていくことができないということでもあろう。

他人のことばを使って考えることは、その人自身が考えていることにはならない。他人のことばを使いながら、他人が考えるように考え、本来の自分の可能性を、滅ぼしていってしまうのである。

自分のことばでしゃべらない人は、他人にとりいろうとするしゃべり方になってしまう。他人に対する乗り越えができていないということである。

他人に対する乗り越えができているか

他人に対して、乗り越えができるということは、どういうことであろうか。

たとえば道を歩いているとき、自分の名前が呼ばれたような気がして、ふとふり返ったとする。そうすると、その人が自分以外の人を呼んだのだということに気がつくということがある。その瞬間、ふと、ああ、自分が呼ばれたのではないとわかって自分に戻る。

他人に対する乗り越えができるということはこのようなことである。他人に吸い込まれていたのが、ふと現実に戻るということである。

プラットホームに止まっている電車に乗って、やはり前のホームに止まっている電車を窓ごしに見ていたとしよう。そのとき前に止まっている電車が動いたとき、一瞬自分の乗っている電車が動いたような気がすることがある。しかし次の瞬間、「あ、動いたのは前の電車で、自分の電車は止まっているな」とわかる。

いずれにしても、われわれは「ふっと」周囲の状況に吸い込まれてしまうときがある。

しかし、その次の瞬間〝われに戻る〟。

同じように他人と会った瞬間、他人にふっと吸い込まれて、他人のあやつり人形のようになってしまって、なかなか自分に戻れないという人がいる。他人に対する乗り越えができていない人である。

旅行などに行って眠るときも同じことが起きる。部屋で三人で眠る。しかし、そのうちの一人がいびきをかきだしてしまうと、急に心理的に不安定になってしまって、どうしてもその〝いびき〟に気持ちが吸い取られて、眠れない。単なる〝いびき〟が、その人に動揺をもたらす。その人はその動揺からなかなか自分に戻れない。〝いびき〟を聞いてあせる。〝いびき〟を単なる音として、そこから自分を引き戻せないのである。

不機嫌な人間ほど、他人の不機嫌に敏感であるという。

他人が不機嫌になると、それがストレートに自分の感情に影響する。そして自分が不機嫌であるのに、相手の不機嫌を許せない。自分といっしょにいる相手が不機嫌になったとき、その相手を、〝そのまま〟にしておくことができない。相手の機嫌に自分の感情が左右されてしまう。

そこで自分の感情を立ち直らせるために、相手の機嫌がよくならなければならない。とにかく自分と出会ってくるものに自分の感情が左右されてしまう。

相手が不機嫌になったとき、その相手と間隔を保って自分の感情を今までどおり保持することができない。ことに自分と近い人間の感情のあり方には完全に左右されてしまう。

近い人との間に、自分の感情と相手の感情との間隔を保てないので、相手の感情のゆれるままに自分の感情もゆれてしまう。

他人の感情にまき込まれてしまう

外から家に帰ってきた夫が、妻の疲れた顔一つで取り乱してしまう。自分の労をオーバーにねぎらうことを期待していたのに、それが疲れた顔の出迎えになった。ふつうの人ならそこで妻を〝そのまま〟にしておくことができる。そして妻が機嫌よく快活になるのを待つことができる。

しかし情緒の未成熟、自我の未形成、他人への乗り越え不可能な人は、ここで疲れた妻を〝そのまま〟にしておくことができない。そして「おれがこんなに疲れて外から帰ってきたのに、その顔はなんだ」とわめきはじめる。そしていったんこのように感情が乱れてしまうと、なかなか自分を立て直すことができない。

父親がこのように人格未成熟の場合は家庭は地獄となる。つまり、子どものほんのささいな不機嫌でさえ、父親にストレートに影響する。妻も子どもも、父親の機嫌をうかがい、おびえて生きることになる。

ある病的なケースでは、子どもは病気になると、父親に「すみません」とあやまったという。子どもが快活でいないこと自体が父親の感情にストレートに影響するからである。つまり、互いに無頓着でいられることがないのである。自分が病気になったことで父親の感情が動くことを、その子は知っているので、「すみません」とあやまったのである。

ふつうの父親が、毎晩酒を飲んで遅く帰ったとする。奥さんの機嫌が次第に悪くなる。すると「こりゃーまずい、少しつつしまなければ」と思って自制をはじめる。つまり奥さんの感情との間に間隔を保つことができる。そして、奥さんから感情的に少し離れて立ちながら、奥さんの不機嫌を〝そのまま〟にしておくことができる。そして、機嫌の回復を待つ。回復してきたあたりで、「そろそろ、また午前さまでも大丈夫かな」などと思って仲間と酒を飲みはじめる。

ところが、自我の未形成の場合は、こうはいかない。毎日生きていることが頼りない。酒を飲んで帰ってくる。奥さんの機嫌が悪い。自分で自分が頼りなく、すぐにカーッとくる。「なんで、こんなことぐらいで……」と怒り、不機嫌になり、大騒ぎとなる。それは、その人自身が実は奥さんにすがって自分の感情を保っているからである。

一家の主人がこうであれば、奥さんや子どもは、どうしても他者中心のあり方しかできなくなる。子どもも同じ自己不在である。父が自己中心的なあり方で、他者に向かっての乗り越えができないとすれば、子どもはまた他者中心の几帳面な、おびえた性格になろう。

こう考えてくると、他人の存在への〝ある無頓着〟というのは、きわめて能動的な態度があって可能ということになろう。自分の立場があり、自分を頼りに生きていればこそ、他人の感情にまき込まれることはないのである。

はじめの章で書いた、甘えた人間は他人の気持ちへの要求が多いというのも同じことである。他人の気持ちのあり方で自分の気持ちが左右されてしまうから、他人の気持ちへの要求が多いのである。甘えという他人への受け身的依存は、他人の感情に無頓着であり得ない。

ある甘えた父親は、家族の者の気持ちへの要求がものすごかった。何をやっても「その気持ちが気にいらない」と怒りだすというのである。そして気持ち、気持ちと騒いでいるので、自分は心のあたたかい人間だと〝確信〟していた。世の中の人間は、金や名誉だが、自分は〝気持ち〟だ、というのである。したがって自分は人間性のゆたかな人間だと〝確信〟したのである。この父親には、自分は家族の者にすがって生きる人間であるとは思えなかったのであろう。他人に向かっての乗り越えができず、それでいながら他人から拒絶されることを恐れている人なのである。

〝あがる〟という心理は…？

〝あがる〟などというのも、他人に対する乗り越えができていないときである。あがってしまって、何が何だかわからなくなるときがある。

学生が入社試験の面接を終わって、話をしに来るときがある。いつもは落ち着いてしゃべれるのに、何か最初にふと失敗をしてしまうとすっかりあがってしまい、自分でも自分が何をしゃべっているのかわからなくなってきてしまい、それがいよいよあがる原因になって、支離滅裂になってしまうということをよく聞く。

このあがっている場合は、自分に戻っていないというときである。入社試験の面接ですっかりあがってしゃべっているときのようなしゃべり方を考えてみれば、依存心の強い人間のことばというのがわかるであろう。

あがってしゃべっているとき、ふと別の視点から自分を客観視できる、そういう視座の移転ができるならば、ちゃんと自分に戻ることができるであろう。

そのような形で、自分に戻れる人と、自分に戻れない人とがいる。依存心が強いということは、ずうっと、自分に戻れないということなのである。

常に肩に力が入り、心も身体もかたくなっている。こういう状態が自分に戻っていない状態であるが、依存心が強いと、他人のことばを使い、他人の考え方をし、他人のように行動するので、自分に戻れていないということである。何か、自分が自分でないような気がするという人である。

ほんとうに自分が、あることを感じ、あることをなす、あるいはあることをいう。花を見て、ほんとうに美しいと感じ、美しいと感動し、そしてこの花はきれいだという。そういう感じ方、いい方というのは、その人が、自分として自分のことばでその感動を表現したということであろう。

ところが、依存心が強いと、そのように感じ、そのように表現することができない。美しいということがわかっても、美しいということをいっても、何か自分が自分にとってよそよそしいのである。

自分が自分にとってよそよそしいという状態を解決するには、依存心の克服以外にはないであろう。

自分が不確かだと感じるとき

自立心が芽生えてきたとき、人は自分が自分になるのである。それは、他人の要請で動かなくてよくなるからである。

前にあげた、小学校の低学年で眼鏡をかけて「大蔵省の主計局に行きたい」という願望を抱いてしまった人は、それからは自分自身としてではなく、親の分身として生きていくことになるだろう。彼が何かをいい、何かを感じるとき、自分が自分にとってよそよそしくなるのである。そのような自己疎外感がありながらも、その人はもしかすると、自分が疎外されているということすら感じないかもしれない。

自分が自分にとって、よそよそしいということを感じはじめるということは、何らかの形で自立心が目覚めてきたからである。

自立心が目覚めてきて、本当に自分のことばで、自分自身で何かを感じるということがどういうことかわかってくるからこそ、今までの自分が、自分にとってよそよそしかったということがわかるのである。

春になって、若葉を見て、「ああ、春が来た」ということに感動し、そして友人に、「若葉がきれいだねえ、春が来たなあ」という感慨をもらすとき、まさにそれは、自分が自分のことばで感情を語るということである。

ところが、依存心が強く、他人の要請で生き、他人の分身で動物学的に生きている人は、このような自分自身のことばを持てないのである。「美しい」ということばが自分自身のものになるかならないかということも、その人に自立心が出てきたか、出てこないかということによって決まるものであろう。

分裂病（現・統合失調症）の人間は、自分が自分であることが不確かであるという。それは、分裂病になる人間が、多くの場合、小さいころから常に他人に拒絶されるのではないかという恐怖心を持ちながら生きているからである。

自分が自分にとって不確かであるということぐらい、不安なことはないであろう。

しかし、自分が自分にとって、不確かとまではいかなくても、自分のしゃべっていることが何か頼りないということは、ふつうの人でも経験するのではなかろうか。

何をやっても、何か頼りない、何をいっても、何か頼りないということがよくある。そのような場合には、やはり自分自身が依存心が強いのだということを自覚する必要がありそうである。

自分の思うように人が動かないと不機嫌になる

〝自己の個別化〟をはばむ幼児的一体感

〝自己の個別化〟がなしとげられているか

人間が情緒的に成熟しない、いつまでも依存心を克服できないということは、避けることのできないことを避けておろうとするからである。

われわれの人生には、決して避けることのできないということがたくさんある。それを避けておろうとするから、いつまでも依存心が克服できず、他者のなかにある自己のイメージが重大となり、自分自身の人生を生きることができないのである。われわれの成長とは、自分が自分に関する事実を認めることによってしかあり得ないのである。

自分に関する事実を、自分自身が否定したとき、自分自身に隠そうとしたとき、そこで成長はとまる。

依存心が強いということは、別のことばを使えば、「自己の個別化」がなしとげられていないということである。自分が自分であるということの感情が確立していないということである。自分だけが自分なのだということがはっきり自覚できたときに、自己の個別化がなしとげられたということである。たとえ、どんなに自分にとって近い人間であっても、その人はその人としての固有の感情を持っている。

情緒的に未成熟な人間は、自分に近い人間に幼児的一体感を持つ。親の場合なら子どもに対してそのような一体感を持つ。つまり子どもが、親である自分の感情の要求にしたがって動くことを期待する。

先に書いたごとく、このような親は自分に近い人間に対して間隔を持って立っていることができない。自分に近い人間の感情のあり方に自分の感情が左右されてしまう。他人の感情に無頓着でいることができない。不機嫌な人間は他人の不機嫌に敏感であると書いたことと同じ内容である。

今、幼児的一体感ということばで表現したのは、いろいろのことばを使い、いろいろの面からアプローチすることで、この未成熟な情緒を理解してもらいたいからである。

情緒的に未成熟な親は自分の依存心から出てくる感情を、愛情という形で正当化する。愛情ということばで表現しても、実体は自分の子どもを奴隷化するということである。

子どもには子どもの感情の動きがあり、子どもには子どもの意見がある。子どもは決して、自分の劣等感を保証してくれる手段ではない。依存心の強い親は、どうしてもこのことが認められない。

つまり、このような親は、えてして子どもを自分の崇拝者に育てあげようとしている。そして自分の劣等感をいやそうとするのである。

自分が劣等感を持っているとき、子どもがいっしょになって、あれもくだらない、これもくだらないということを要求する親もいるが、そのような親は、親子のつながりを強調しながらも、実は子どもを自分の奴隷としているにすぎないのである。しかも、親は子どもを奴隷化しながらも、そのことを子どもへの愛情と錯覚する。

幼児的一体感とは?

自己の個別化が達成されてくると、他人には他人の心の動きがあり、他人に対して自分と同じ権利があるということが認められるようになる。

たとえば、自分が友だちがほしければ、他人もまた友だちがほしいと思うだろう、ということを認められるようになるということである。自分が幸せになりたければ、他人もまた幸せになりたいだろうということを認められるようになるということである。自分がひとりになりたいときがあれば、他人もまたひとりになりたいときがあるだろうと認められるようになるということである。

自己の個別化がなしとげられた人間というのは、自分の目的を達するために、自分がどう行動したらよいかということを考えられるようになる。しかし、自己の個別化がなしとげられていない人間は、自分の目的が明確につかめないときに不愉快になり、不機嫌になる。

それは、基本において、他人が自分の感情の延長であると感じているからである。他人が自分の望むように動いてくれるだろうことを期待しているからである。あるいは、他人が自分の感情の望むように動くことを当然と考えているからである。

他人が自分の感情の思うように動かないとき、それを不思議と思うのが、依存心の本質である。それが、他者への幼児的一体感ということである。

自己の個別化がなしとげられているということは、自分だけが自分であるということを、頭でも感情でもわかっている、ということである。

したがって、他人が自分の望むとおりには動かないということを知っている。自己と他者の間の矛盾を知っている。だからこそ、いかにして自分のさまざまの目的を達成できるかという方策が考えられるのである。

しかし、個別化がなしとげられていず、他者への幼児的一体感を持っている人間は、他者が自分の感情のままに、自分の感情の奴隷として動かないことにいらだつのである。

それは、本来、他人は自分の感情をうれしがらせるように行動することが当たり前と感じているからである。

ところが、実際には、他人は自分の感情的な期待と相反して動くから、いらだつのである。

他人の感情のあり方に自分の感情を左右されるとき、他人が自分の望むような感情を持つことを求める。他人がそのような感情を持たないとき、その人を許せないから、いらいらしたり、おこったり、不機嫌になったり、暴力をふるったりする。不機嫌の引き金を引くのは、身近な者であるというのもそのためである。

いかに幼児的一体感を持つ人といえども、全地球のすべての人に幼児的一体感を持っているのではなく、具体的には、自分の身近な人に対してだけ幼児的一体感を持っているのである。したがって、その自分が幼児的一体感を持っている人が、自分の感情のとおりに動かないと不機嫌になる。

つまり、不機嫌の引き金を引くのは、身近な人であるということになる。別のことばでいえば、外面《そとづら》はいいが、内面《うちづら》が悪いという人であろう。

自己と他者の同時出現

自己の個別化がなしとげられていれば、他人の言動が、他人自身の意図と感情によっておこなわれるということが自覚できているから、他人の言動によってそれほど傷つかないということになる。

他人に対して、幼児的一体感を持つからこそ、他人の言動がストレートに自分の感情を傷つけたりするのである。

しかし、自己の個別化がなしとげられているときには、他人の言動がストレートに自分の感情を攻撃することはない。〝自己と他者の同時出現〟とはそういうことである。

自分だけが自分であるということがわかったときに、はじめて他者が他者となるのである。自分だけが自分であるということがわかるように、情緒が成熟してこないときには、自分の眼では、それが自分以外の肉体を持った人間であるとわかっていても、感情はそのように働いていない。そのように働いていないからこそ、相手の言動によって、すぐに不機嫌になったり、機嫌よくなったりするのである。また、そのように働いていないからこそ、他人が眼の前に出てきたときに、自分の気持ちが動揺したりするのである。

自己の個別化がなされていないから、相手の不機嫌な行動や不機嫌な気持ちに、自分の気持ちがすぐに吸い込まれて、不機嫌になってしまうのである。

たとえば、人の前に出るとあがってしまうということがある。あがるということは、前に述べたように、自分が自分でなくなるということである。自分が自分のコントロールから逃れて、勝手に何かをしゃべりだしたり、動きだしたりするということである。

あがってしまって、自分の意図したことと別のことをペラペラしゃべってみたり、人にとり入るように行動してみたり、軽薄なまねをやってみたりして、一人になって自己嫌悪におちいったりする。一人になったときに、自分のところに自分が戻ってきて、自分が嫌になるということである。

しかし、他人の前に出ると、自分が自分のコントロールをはずれて、勝手な動きをはじめる。これは、とりもなおさず、視覚的には自分以外の肉体を持った他人がいるけれども、自分の感情の上で他人がいるということが把握できていないのである。

自分は自分だけだとわかったときに、はじめて他人というものがあらわれてくる。そうした意味で、自己と他者というのは、同時に出現するというのである。自分だけが自分であるということがわかることが、自己の個別化ということである。

自分の感情がぶつかりあうとき

われわれの情緒的な交流というのは、そのように、個別化をなしとげられた人間同士の間でおこなわれることであろう。

そして、自己の個別化がなしとげられたときに、自分のなかにアンビバレントな感情がなくなる。愛情は愛情となり、憎しみは憎しみとなる。そして、愛情は愛情の行動を生みだし、憎しみは憎しみの行動を生みだす。「アンビバレント」とは、同じ対象に向かって相反する感情を抱くことである。

アンビバレントな感情があると、われわれは行動に出ることができない。

小さな子どもが、母親におこられたときのことを見てみればわかる。母親におこられて、泣きながらも、母親のところに抱きついていく。母親に世話をしてもらいたい、母親に面倒をみてもらいたい、母親にかわいがってもらいたい。しかし、他方において、母親を憎らしいと思う。

母親を憎らしいと思うから、母親に反逆したいが、他方で、母親の愛情を求め、母親にかわいがられたいと思うから、反逆の行動には出られない。

そして、母親にかわいがられたい、母親に世話をされたいと思いながらも、他方に、自立したいという気持ちがあるから、どっぷりと母親の愛情に身をひたすことができない。どちらの行動をとろうとしても、自分のなかに満たされないものがある。どうしようもなく、二つの自分があり、その二つの自分がぶつかりあう。

一つは反発する自分、一つは求める自分なのである。同じ一つの対象に向かって、一つの自分は反発し、一つの自分は、その対象を求める。このような状態が、自己の個別化のなしとげられていない状態である。

個別化がなしとげられてくると、他者が他者として認識できるから、愛情を持つときは愛情を、憎しみを持つときは憎しみを持てるようになる。ということは、自分の感情が明快になるということであろう。

二つの自分がぶつかりあっているときは、自分の感情が明快にはならない。一方の自分が憎み、他方の自分が好んでいる。明快になりようがないのである。

対人理解が画一的な人々

ところで、自己の個別化ができるということは、先のことばでいえば、自分に近い人間の感情をあるがままにしておけるということであり、相手との間にある一定の間隔を保てる、ということである。それは、相手を〝そのまま〟にしておけることで、相手を受け入れるということでもある。

相手を〝そのまま〟にしておけない人間というのは、常に相手から一定の反応を期待している人であろう。そして自分が求める反応を相手から引き出せないとき、相手を非難しはじめる。そのとき、「愛情がない」とか「正義感がない」とか、「気力がない」とかという大義名分を持ちだして相手を責める。だからこそ、もっともらしく大義名分をふりかざす人の内心ほど虚偽に満ちたものはない、といわれるのである。

不自然な使命感を持つ人なども、自己の個別化ができていないのであろう。また二言目には「無責任すぎる」などと声高に大義名分を主張して相手を責める人も同じである。

このような大義名分による画一的対人理解の仕方は、その人の情緒の貧しさをあらわしている。

自己の個別化ができてくるということは、対人理解も画一型から柔軟型に変化してくるということである。それだけに情緒も豊かになる。

このような大義名分による画一的対人理解の仕方をする人に対して、ふつうの人は立派なことをいうのだが、何か違和感を持つものである。ふつうの人以上に立派なことをいうのだけれども、その実はふつうの人以上に自己愛的なのである。

第 III 章

対人緊張の呪縛から逃れられない

依存心という“内面”に巣食う敵

ストレスはこうして生まれてくる

敵意と依存心の葛藤

誇りと謙虚さを同時に持つむずかしさ

おそらく社会人になって最もたいせつな心がけは、常に誇りと謙虚さを持っていることであろう。

誇りと謙虚さを同時に持つということは、なかなかむずかしい。

われわれは誇りがなければ、仕事もいいかげんになるし、意欲も低下する。誇りがあってこそ、いい仕事をやろうという意欲も出るし、自分のやっている仕事の内容を充実しようという気にもなる。自分自身に対する誇りは、意欲にとって欠かせないものであろう。

しかし、誇りのむずかしさは、それが傲慢とどう違うかということである。この二つを区別するということがむずかしいということである。

誇りと傲慢さは、あきらかに違う。誇りと優越感もまったく違う。

優越感を持つ人や、傲慢な人は、ようそをつくことからもわかるとおり、自信のない人である。優越感や傲慢は、要するに虚勢を張っているにすぎないのである。

誇りを持っている人は、自分にも他人にも正直である。一方、謙虚さが必要であるということも、社会人としては欠かせないことである。

僕の友人の銀行員はよく、大蔵省に行く。そして、名刺を出す。そのとき、ふんぞり返って名刺をもらってすましている役人を見ると、〝ああ、この人はこれでおしまいだな〟と思うようである。どんなに有能であっても、その人は大蔵省の役人以上の仕事はできないと見てしまうのである。

課長から局長になっていたとしてもそれは、所詮、官庁の局長以上を出ないものであろう。もちろん役人のなかにも、役人らしからぬ人はたくさんいる。

僕はある首相の首席秘書官に会ったとき、彼が驚くばかりの低姿勢であることに驚いた。役人のなかにも、ふんぞり返っている人もいれば、民間の人よりも、はるかに相手に丁重である人もいる。

他人にお茶をつがせて、足を投げてふんぞり返っている人もいれば、他人にお茶をつぐ人もいる。

文部省の元役人で、大学の教授になった人に会ったことがある。彼は自分が、元役人で大学の教授であるということを鼻にかけて、かなり他人に横柄な人であった。それだけに、教授仲間でも、彼に人間的な親しみを覚える人はほとんどいなかった。その人が、ある文部事務官から文部大臣になった人のことについて、このようにいっていた。

「あいつは、よくおれのお茶くみをやっていた」

そのほか、誰がおれのお茶をくんだというような話をして、あげくの果てに、

「おれにお茶くみをするやつは、みんなえらくなる」

などと、平気でいっていた。彼の理解によれば、お茶をくむ人よりも、お茶をくまれる人のほうがえらいということである。

しかし、お茶をくまれて喜んでいる人は、それ以上に人間的にも、社会的にも伸びていくことはないであろう。そして、多くの人から親しまれるということはない。「おれのお茶くみをすると、みんなえらくなる」と豪語していた人も、孤独な老後をおくることになったのはいうまでもない。

伸びる人間はどこが違うのか

どんなにえらくなっても、どんなに社会的に地位が高くなっても、一個の人間としての謙虚さを失わず、他人に接する人は、仲間も増え、人間的にも社会的にも伸びるケースが多い。

あらゆる点で成長する人は、他人に対してお茶をくむことを「お茶くみ」などと軽蔑したりすることは、決してない人たちである。

他人が名刺を出したとき、ふんぞり返って名刺を受け取るようなことの決してない人たちである。

誇りも謙虚さも、充実した人生をおくるためには欠かすことのないものである。

しかし、誇りが傲慢さに、謙虚さが卑屈さに変わるということはあり得る。それは、どうしてであろうか。

ある人に誇りを持てというい方をすると、傲慢になってしまうし、ある人に謙虚であれというと、卑屈になってしまったりする。

人間の依存心は、そのなかに何ほどかの敵意を含んでいるものである。情緒的に成熟しない人間は、この依存心と敵意の葛藤のなかで生きている。

実は〝誇りを持て〟といったとき、そのことばが敵意と結びついて、傲慢さと理解されてしまうことがよくある。また、〝謙虚であれ〟ということをいわれると、心に葛藤を持つ人は、それが依存心と結びついて卑屈さになってしまうのである。

自分の心が、依存心と攻撃心との葛藤のなかにある人は、誇りというものがどのようなものであるかが理解できない。したがって、〝誇りを持て〟ということばが理解できず、攻撃心を基礎にした傲慢さになってしまうのである。

また、依存心と攻撃心との葛藤を持つものは、〝謙虚であれ〟ということばの意味が理解できず、依存心をもとにして、卑屈になってしまうのである。

誇りと謙虚さを兼ねそなえるためには、どうしても人間のある情緒的な成熟が必要とされる。情緒的に成熟した人間は、誇りを持ちながらも謙虚であり、謙虚でありながらも誇りを失っていない。

依存心を克服できず、依存心と攻撃心との葛藤に悩んでいる情緒未成熟者は、傲慢に傾くか、卑屈になるかの二者の間を激しく揺れ動くのである。

傲慢と卑屈は心理的に見れば、表裏の関係であろう。あらわれる現象としては正反対である。そして、この正反対のものが止揚されたところに出てくるのは、誇りと謙虚さなのである。

傲慢と卑屈さが、表裏一体であるように、誇りと謙虚さも、表裏一体のものである。

困難を避けようとするからストレスが高まる

次にいえることとは、なにごとも困難を避けてはならないということである。困難というのは不思議なもので、避ければ避けるほど、その人をだめにしてしまう。

困難を避けようとしたとき、結果的にはストレスが高まる。困難を目前にしたとき、人間であるならばストレスはあろう。

会社のなかには、大なり小なりさまざまな困難がある。仕事に何の困難もないという人はいないであろう。

しかし、何とかしてその困難を避けようとすると、どうしてもストレスは高まるばかりなのである。

あるいは、その困難が早く過ぎ去ってくれることを願って何もしないでいるとか、誰かが救ってくれやしないかと周囲を頼みにするとか、その困難をいかにして容易にするかとか、その困難でいかに自分が傷つくのを避けようとするか……などのように受け身の姿勢になると、困難が与えるストレスは大きくなるばかりである。

その困難から何かを学ぼうとしたとき、むしろストレスは少なくなる。あらゆることを勉強と心得て、困難に立ち向かっていくとき、むしろストレスがなくなるのである。

単純な例でいえば、僕はよくラジオやテレビに出るが、そこで失言をしたとする。自分の心にはあまりないことを、何かの拍子で意図と反して失言するということがある。そして、ある団体にたいへんな迷惑をかける。ひいては社会一般に迷惑をかける。自分の発言である団体に迷惑をかけたのであるから、当然、その団体から非難され、つるし上げられても、文句のいえる筋合いではない。

しかし、最もいけないのは、そのようなときに、何とかしてうまくそのつるし上げられることから逃れようとすることである。

そのような姿勢をとれば、ストレスは高まるばかりだろう。そしておそらく僕は、たった一回の失言で、ストレスに耐えられなくなり、入院というようなことも出てくるだろう。もし僕が、そのような失言をしてある団体に迷惑をかけたとき、謝罪するのは当然であるが、それは社会的責任を果たす意味で謝罪するのである。

しかし、僕個人としてたいせつなことは、そのとき、その迷惑をかけた集団から、さまざまな抗議を受けることのなかで、社会のある問題をさらに深く理解しようと心がけることである。そして、何も失言しなければ会わなかったかもしれない人たちと会えるわけであるから、むしろそれを喜ぶべきである。その機会を、より多くの人に会い、より多くの考え方を知り、より多くの社会の問題を理解するための一つの機会と心得て、積極的に人々に会おうとすることである。

しかし、それを非難されるからというので、なるべく会おうとしようとしなかったりするならば、そのことでストレスが高まるばかりになろう。

たとえ自分を非難する人であっても、逃げようとするよりも、会おうとすることによってストレスはなくなるものである。

同じような状態でも、ある人はストレスを感じ、ある人はストレスを感じないのは、その二人が、受け身の姿勢でその事件に対処するか、能動的な姿勢でその事件に対処するかの違いなのである。

どのような事態に際しても、またとない勉強の機会であるという考え方のもとに、積極的にその困難にコミットしていく姿勢がなければならない。

自分を非難する人でも、逃げようとするのではなく、むしろこちら側から、その自分を非難する人に会おうとすることで、こちらの心理的負担は少なくなるのである。

能動的な姿勢と受け身の姿勢

たまたまラジオでの失言のことを例にとったが、それは六十年代や七十年代前半の、学生紛争についても同じである。当時、学生は、教授や親やあるいは権力を非難した。棒で、教授の頭をなぐった女子学生もいた時代である。火炎びんが校庭のなかでとび交っていた時代である。

その時代、学校側の責任者として、学生に対処した多くの人は過労でもって倒れて入院していった。もちろん、人間の生物学的限界を超えた場合には、みな入院せざるを得ない。しかし、生物学的な限界を超えないまでも、ノイローゼになって入院した人もいれば、最後まで頑張った人もいる。

その違いはどこにあったのであろうか。学生担当の教務主任として学生と対した教授の資質の違いなのである。

さまざまな紛争のなかで、みごとにその職責を果たし、元気はつらつであった教授もいる。その教授は、学生自治会の幹部が電話をかけて会見を申し込んできたりする前に、むしろ教授の側から電話をかけて会おうとした人である。

あるいは、学生の側が、ちょっとの話し合いですまそうとした問題を、むしろ、教授の側から「ちょっと待て。もっと話がある。本格的にやらねばならない」と、一時間で切り上げるべき会を、三時間にもした教授である。

ところが、ストレスでノイローゼになり入院する教授というのは、たとえば午後一時からはじまったつるし上げの会合をいかに早く切り上げてしまうかという姿勢の教授であり、学生が会いに来ない限り、こちらから会いに行くなどということは夢にも考えない教授である。

会わないからといって、そのような重要な立場にあるとき、ストレスを感じないわけではない。何とかして任期の二年が終わらないものかと願いながらも、ストレスでノイローゼになっていくのである。

マスコミを騒がすような大事件にまき込まれた場合でも同じである。

ある人は取材攻撃のなかで、新聞記者というものはどういうものかを学ぼうとしたり、実際に自分のいったことと違った形で新聞に出るのはなぜかと、そのプロセスを考えようとしたり、あるいは、ふつうの人は新聞記者から逃げるのに、あえて新聞記者に会おうとしたりした。そのような人は、ノイローゼにもならない。というのは、ストレスが少ないからである。

会わないですませられれば、会わないですまそう、なるべく会わないで時を過ごそうと逃げの姿勢になれば、それだけストレスは高まるのである。ところが、こちらからあえて会いに行こうとする能動的な姿勢で困難にのぞめば、それはむしろ、ストレスが少なくなってゆくのである。

受け身になれば、受け身になるほど、また逃げようとすれば、逃げようとするほど、ストレスは高まり、あえて立ち向かって行けば行くほど、ストレスは少なくなる。

敵意と依存心のぶつかりあい

僕は、あるところで、一部上場会社の三人の社長と晩ごはんを食べていた。僕は、「社長はいいなあ」というと、ある社長が「それは、見方が浅い」といって笑ったことがある。

もちろん、僕も社長のいう意味がわからなかったわけではない。社長業というのは、天国と地獄であるといわれている。その社長も運転手つきの高級ベンツに乗り、秘書をともない、車のなかには電話がついていた。それは、一般の社員から見れば、確かに雲の上の存在であろう。

僕が「社長はいいなあ」といったのは、決してその天国のほうをさして、「社長はいいなあ」といったわけではない。むしろ、天国と地獄といわれる社長業のなかで、地獄といわれるもののなかにこそ、はりつめた男の生きがいがあると感じたからである。

社長となれば、逃げようとしても逃げられない責任がある。逃げようとしても、逃げることのできない決断の時がある。つまり、逃げようとして、逃げられる可能性を持っているとき、不必要なストレスに苦しむのではないだろうか。

ストレスは、立ち向かっていくときに少なくなるものである。ヒステリックに他人をけなす人間が、いざとなると何の決断もできないのをよく見ることがある。立派なことをいって他人を非難しても、いざというとき決断できないような人間が、ストレスからノイローゼになるのである。

おそらく、依存心が残っている人ほど、同じ事態のなかで、大きなストレスを味わうのではないだろうか。

依存心があると、ついつい他人を非難しがちである。他人の力で、自分の周囲の問題を解決してもらおうとするから、他人に対する非難が多くなる。

先にも書いたとおり、依存心と敵意とは情緒未成熟者のなかに共存しているものである。そして、ただでさえこのような情緒未成熟者は、依存心と敵意のなかでストレスを感じているのである。

自分のなかで、依存心と敵意とがはげしくぶつかりあっていることこそが、ストレスのいちばん根源の問題なのである。敵意があり、相手を非難しながらも、一方で依存心があるから行動に移ることができない。それが不決断となってあらわれるのである。

多くの病気はストレスから起こるということは、誰もが承知していることであろう。ぜんそくなどというのもストレスから起きるといわれている。そのほか、慢性的な病気は、多くストレスが原因であるといわれている。自分の感情を、病気という形で表現しているのであろう。理由もなく疲れたり、理由もなく病気がちであったり、理由もなく咳ばかり出たりするような人は、まず第一に、自分のなかでおこなわれていることは、いったい何なのかということを知る必要があろう。

もし、彼が自分の本当の気持ちを自分で認識できるならば、おそらくリラックスできるのではなかろうか。

彼が心ひそかに望んでいるものはいったい何なのか、それを自分ではっきりと知ることである。それをはっきり知ることができず、一方で依存し、他方で敵意を持ち続ける限り、ほんとうのリラックスということは出てこないであろう。そして、自分の気持ちが葛藤している限り、決断はできないのである。

周囲の人を非難しながら、その人たちから離れていかない。非難するのなら非難するで、これを行動に移せるかというと移せない。それでは、おとなしく周囲に自分を同調させるかというと、それは敵意があるからできない。

親が恐怖の対象になる子ども

敵意と依存心が自分のなかで葛藤する人は、したがって、決断することができないのである。

そして、決断できないまま、いつもストレスを自分のなかで感じている。いつまでたってても子どもなのである。いつまでたっても他人の言動に神経質に反応し、何かことがあると、すぐに動揺してしまう。そのくせ、働くのはよく働いたりするのである。よく働くのは、周囲から尊敬されることを求めているからである。

当の本人にとって、おそらく小さいころにさまざまな不幸があったのであろう。両親に本当の意味で愛されなかったなどというのも基本的な理由であるのかもしれない。自分の存在そのものを愛してもらえなかった。自分が何か良い子であるときだけ愛された。親の意に沿った行動をしたときだけしか、親に受け入れてもらえなかった。しかも、そのときも、心から受け入れられたというよりも、親が一応の満足をしたという程度である。

その子どもが、小さいころ、ほっとしたのは、自分が親に受け入れられたからではなく、親が自分の行動に満足したからである。そのような子どもは、愛されたいと望みながらも、結局は尊敬されるように自分が行動することを身につけてしまう。

親の意にかなうような行動をしなければ、親は不機嫌であった。そのストレスに耐えられないがゆえに、たえず親を満足させるべく行動してきた子どもは、どうしても、今述べてきたようなタイプになりがちである。

親を満足させることによってしか、自分の居場所が確保できなかったものは、そのように行動すれば行動するほど、より心理的には親に依存してしまっていったのである。依存心は、親の意を満足させようと行動するたびに、大きくなっていったに違いない。

親の意を満足させるということと、親に愛されるということは違う。その子どもにとって、もともと親は恐怖の対象でしかなかったのである。

しかし、自分のある一定の行動の仕方によっては、その恐怖から逃れることができた。それが、良い子としての彼の行動であったのであろう。したがって、過剰適応であった子どもというのは、いかに良い子であったとしても、決して親に愛されることがなかった子どもなのである。

過剰適応の子どもは親に愛されるというよりも、親から排斥されることを、恐怖を体験しつつ育った子どもである。親からにらみつけられることを、親から憎まれることをどのようにして避けるかという気持ちから出た行動が、良い子としての行動であったのであろう。

そのような行動を続けることのなかからは、依存心の克服は生まれてこない。そのなかに敵意を含むところの大きな依存心を持ちながら、肉体的に成長した人は、不必要にストレスに苦しむことになろう。

そして、その緊張に耐えられなくなると、無気力になったり、無力感におちいっていく。

人生を否定的に見る人間、肯定的に考える人間

その決定的差異はどこにあらわれるか

優柔不断を誠実さと思い込む

うつ病の人間は、自分のなかの敵意を放出する能力を持つと、結果としてそのうつ病が少し軽くなる、ということがよくいわれる。

アメリカにいたときに、マゾヒズムとうつ病に関する本を読んだが、うつ病の人間はふつうの人間にくらべて、はるかにマゾヒスティックな夢を多く見るという研究成果が発表されていた。

いずれにしても、そのような人は肉体的には一人前になりながら、心理的には依存心を持ち続け、それゆえに、常に決断することができなく、たえず不満とストレスのなかで生きることになる。

ノイローゼの人間は、なかなか決断できないものである。ノイローゼとまでいかなくて

も、社会人になって決断できない人は多い。些細なことでも決断できないのである。たとえば、ある会に出るとか出ないとかいうことでもそうである。ある会の案内状が来ると、出席と欠席の返事がなかなかできない。はがきを前にして、出席の側にも欠席の側にもマルをつけられず、翌日に持ちこす。翌日に持ちこしたことで、何となく仕事をやり残したような気持ちになり、落ち着かない日が続く。

いくら考えたとて、そのようなことによりよい判断がくだせるわけではない。二日たったら新しい事情が出てくるというのでもない。もし、何か新しい事情が出てきたら、返事を変更すればいいだけなのである。

なかなか、返事を出せないまま日がたち、日がたつにつれて返事を出していないことに重荷を感じる。結局、何でもないことを、何かたいへんなことのようにしてしまっているのは、ほかならぬ自分自身なのである。

アメリカで、うつ病になりだした人間の例を取り上げた論文を読んだことがある。スーパーマーケットに行って、品物を前にして、どちらを買おうか決断ができず、一時間も迷っている人がいるという。決断ができないのは、決断する材料がないわけでなく、当の本人の心のなかでの長い間の葛藤を表現しているにすぎない。

よく、決断ができないで、ああでもない、こうでもないと悩んでいることを誠実であると解釈する人もいる。

優柔不断、不決断、心の葛藤、これらから出てくる悩みを誠実という形で解釈するのはやめなければならない。また、何よりも、このような優柔不断さを誠実であると解釈するグループとつきあうことはやめたほうがよい。

このような情緒的未成熟を、人間的誠実と解釈するようなグループというのは、たいてい閉鎖的なグループであり、世の中を悪く悪く解釈するグループである。

そのような人たちは、世の中の人間はみんな汚れているとか、人間らしさを失っているとか、思いやりがないとか、世の中の世俗的価値など意味がないとか、世の中のあらゆる活動を悪く解釈し、自分たちだけの小さなグループをつくり、排他的になって生きている。

そのような閉鎖的なグループに入り、社会の活動的な成熟した人間を人間的な誠実さがないなどと解釈していると、いつになっても優柔不断の苦しみから逃れることはできない。

このようなグループのなかにいれば、自分もいつのまにか、そのような生き方の安易さに負けてしまい、それこそ他人がはりきって活動している姿を見て、誠実さがないなどといいだしかねない。

まわりばかりを非難する閉鎖集団

誠実と不決断とは、あきらかに異なる。迷っている人間は、自分が迷っていることで周囲の人間が迷惑しているということには気がつかない。あまりつまらないことにいつまでもぐずぐず迷っていると、周囲が嫌気をさしてくるので、その人から離れていく。そうすると今度は、離れていった人たちを「冷たい」というように非難しはじめる。そして、周囲をそのように非難する人たちだけが肩を寄せあうようにして、閉鎖的なグループをつくる。

このようなグループの特徴として、自分たちだけが誠実で人間らしくて、それ以外の人たちは不誠実であるという、一人よがりの思い上がった考え方がある。

そのようなグループに属してしまうと、だんだんと自分もそのような一人よがりの心地よさのなかで、だめになってしまう。

さらに、このようなグループは、他の人々と協力しようという姿勢がない。また、自分たちで何かをしようと計画し、積極的に動くということがない。ときどきは集まるかもしれないが、その集まり方に変化を持たせるということもない。

自分たちの得た情報を、他のグループに知らせてあげようなどという姿勢はさらさらない。グループの発展がない。はじめの数人の仲間が核となって、グループがだんだん大きくなっていくということはない。

つきあいが広く深くなっていくためには、その中心になる人たちが、新しく加わってくる人たちに親切でなければならないし、分けへだてがあってはならない。

ところが、このように自分たちの不決断や優柔不断さを誠実さと解釈するようなグループは、他人に対する分けへだての感情がきわめて強い。

したがって、万一、新しい人々がそのグループのなかに入ろうとすると、その人に対する分けへだての感情が出てくる。そして、新しく来た人たちが脱けていけば、やっぱりわれわれだけでなければだめなのだというような相互の偽った愛情を確認する。

もう一つ優柔不断について忘れてならないことがある。それは迷うことと考えることとは違うということである。優柔不断で何も決断できず、グズグズしていることを、「考えている」と解釈する人がいる。これは大きな間違いである。

要求だけが多い

依存心とは、結局、一つの矛盾なのである。依存心の強い人は、自分の人生を肯定的に考えることができない。

たとえば、学生なら自分のいる高校や大学を否定的に考える。「この大学の学生は、利己的な人が多い」「私の高校には自己中心的な人が多い」ということをこういう学生はいう。それでいながら、自分が利己的である、自分が依存心が強いということは、およそ考えることがない。

会社でも同じである。「この会社の上司は、身勝手な人が多い」「会社は従業員のことを考えない」「私はこんな会社を変わりたい」というようなことをいう。自分が会社のために何をしているのかというようなことは考えない。

なぜ依存心が強いと、自分のいる学校や自分の属しているグループや自分の会社の悪口をいうかといえば、その人は要求が多いからである。

会社にいれば、自分の会社に対する要求が多いし、自分の仲間といれば、自分の仲間に対する要求も多い。依存心が強い人は、その依存する対象から多くの満足を得ようとするから、どうしても要求が多くなるのである。

自分の仲間は、自分の自己中心的な望みにしたがって動いてくれないと、自分の気持ちがおさまらない。もし、自分の自己中心的な気持ちのとおり仲間が動いてくれなければ、その仲間は心の冷たい人になり、自分勝手な人になってしまう。

自分が依存心が強くて、相手に対する要求が多いから、相手が自分から逃げていったとは決して考えない。

まわりの人が利己的であるとか、自己中心的であるとかといっている人に、今まで自分が接してきた人たちの名前を聞いてみればわかる。

一とおりの悪口はいうけれども、その高校時代、大学時代、会社に入ってから、あるいは、地域社会で接しているいろいろな人たちの名前を完全に、つまり名字と名前をはっきりと書けることが少ない。

つまり、周囲の人に対してあまり関心がなかったのである。ただ、自分の要求をまわりの人がとおしてくれるか、とおしてくれないかだけに関心があって、相手に対する思いやりなどまったくないであろう。

昔の学校の仲間が何人兄弟であったか、自分の先生にはどのような癖があったか、会社にいっしょに入った人たちの趣味は何であるか、そのようなことは、ほとんど知らない場合が多い。

会社の上司が犬を飼っていたとすれば、その犬が何という名前であり、夏には弱かったか、冬には弱かったかというようなことはまったく知らない。いわんや、今はその犬はどうしているだろうというような思いやりは、まったくない場合が多い。そして、「ほかの会社はいい」「ほかの学校はいい」といっているだけである。

まず、今までの人生のなかで、いったい何人の人たちの名前を知っているか、その人たちについてどのようなことを知っているかということを聞いてみれば、その人の依存心がわかる。

自立心の強い人は……

依存心の強い人は、自分に対して無反省で、ものごとに否定的なのである。そして、この依存心が強いと、やがてはノイローゼになっていく。

ノイローゼの一つの特徴は、否定的にものごとを考えることである。自分が反省しない、それでいて自分の周囲のことを否定的に考える、これが依存心の行きつく果てである。

逆に、自立心の強い人はどうかというと、肯定的であるけれども、自分の人生に批判的、反省的であるということが特徴である。

ある会社の人事部長と話しているとき、どのような学生を採るかを聞いてみた。

まず、大学時代に何かに打ち込んでいた人だという。そして、さらに、その打ち込んでいた自分の大学生活を批判的に解釈している人だという。

つまり、自分の大学時代を基本的には肯定している。クラブ活動なり、ゼミでの研究なり、自分の好きな作家の研究なり、いずれにしても、一つのことに打ち込んでいる。それでいながら、自分のその生活を百パーセント無批判に素晴らしいと考えない人だ、という。

僕もそのとおりだと思う。つまり、クラブ活動に百パーセント自分を打ち込み、卒業していくとき、「おれの青春は百パーセント素晴らしかった」と考えるのではなく、「おれの大学生活はあるクラブ活動にすべて打ち込んだが、勉強ができなかった、でき得れば、これからはもっと勉強がしたい」というような考え方をする学生が理想的な学生である。

こういう学生は、きわめて健全であるといわざるを得ない。基本において、自分の生活を肯定している。それでいながら、反省を怠っていない。ちょうど、依存心の強い人とまったく逆になっているのである。

自分の大学を否定する、それでいながら自分に対する反省はない、これが依存心の強い学生であろう。したがって、このような学生を採用した企業がうまくいくわけがない。依存心の強い社員が多ければ、社員は自分が働くことよりも、会社に文句をいうことばかりに熱心であるからだ。

それに対して、自立心が強い社員が多い場合は、会社の仕事を一生懸命やりながら、なおかつ、自分の生き方や会社の経営に反省を怠らないということである。そのような企業がより発展していくことは、間違いないであろう。

過去にとらわれるから欲求不満が解消できない

今、訣別しなければならないものは何か

まず過去を反省してみること

ところで、そのように依存心の強い人は、まず過去を反省してみる必要があるだろう。反省すべき第一点は自分は、ほんとうに愛されたことがあるのだろうかということである。

十分に愛されたことのない人は、依存心が強いという。つまり、愛情に飢えているのである。小さいころ、親に十分愛された人は、親からの独立が早いという。依存心がいつまでたっても強い人は、小さいころ、親の虚偽の愛に苦しんだ人なのである。その事実を直視して、新しく自分の人生を出発することである。

依存心の強い人は、愛情に飢えている。つまり、いつまでも幼少期の願望を脱し切ることができないのである。身体ばかり大きくなり、年をとりながら、実は、心理的には小さ

いころの要求から脱し切れていない。

年齢が大きくなるにしたがって、その愛情欲求が違った形であらわれているだけで、いつまでたっても、過去に生きているのである。

二十歳になっても、二十歳の人生を楽しめず、三十歳になっても、三十歳の生活を楽しめないということになる。

たいせつなことは親との間に持つことができなかった基本的信頼感を誰かとの間に持つということである。

心のなかで親に愛されたいと望みながら、拒絶されたという体験がおとなになるまで尾を引く。そうすると、少年のときのその体験、その要求をおとなになっても満たそうとする。ところが、それがいつになっても満たされないと、五十歳になっても、七十歳になっても、その少年時代の欲求を持ち続けて生きる。五十歳になった人間の欲求ではなく、七歳、八歳の少年の欲求を五十歳の肉体に宿して生きることになる。

その時点で「自分は愛される人間ではない」という自己のイメージができてしまうと、そのイメージで生き続けがちである。四十歳になって課長になっても、一人で勝手に「自分の部下に人間として慕われない」と思い込んでいたりする。四十歳になっても四十歳の人間の欲求ではなく、少年の欲求とその不満のなかで生き続ける。四十歳になっても、基本的には少年時代から脱け出せないのである。

少年のとき、親の期待に沿ったときだけ「良い子」としてほめられ、期待に反したときは渋い顔で扱われた人がいる。その人は親にとり入るようになる。そして自分が自分としては愛されていないことを感じる。そうして五十歳になる。今度は部下に対して、自分が自分として好かれるということは感じられない。部下に何かをしてあげるときだけ好かれると思い、部下にご馳走する。この人も結局は五十歳になっても過去を生きているにすぎない。

過去を生きるな！

あるいは自分が小さいころ、親が忙しくてあまり面倒を見てくれなかった。進学のときも自分一人で決めた。そんな少年時代を送っておとなになり、結婚し、子どもができる。すると、自分の子どものことに過干渉になる親がいる。進学の相談をし、参考書までいっしょに買いに行く。この親は子どもといっしょに塾にまで行くことで、自分の過去の心の傷をいやしているのである。自分の親が忙しかったことの不満を、自分が親になってからいつも家にいることで解消しようとしている親がいる。

こうした人は親になっても、基本的には子ども時代を生きているのである。子ども時代の欲求不満を解消しようとしているので、四十歳の人生を生きているのではない。

自分の親が自分を旅行につれていってくれなかったという不満を、今度は自分が親として家族を旅行につれていくことで晴らそうとする。家族はその親の欲求不満を晴らす道具として使われたのにすぎない。しかしこうした親は、「自分は良い親だ」と〝確信〟している。

こうした「良い親」も親としての人生を生きているのではなく、基本的には子どもとしての人生を生きているのである。子どものときの欲求を親になって子どもをとおして解消しているのである。子どもをとおして自分の悩みを解決している親は、過去に生きている親である。

小学生のとき、勉強ができないと劣等感を持った人が、その劣等感を解消しようとしておとなになっても成功を目指すのは、おとなになっても、まだその小学校時代から脱け切っていないということである。父親の不機嫌に苦しめられて父親にへつらった子どもは、大きくなっても他人にへつらうときがある。

過去を生きるな！

二十歳には二十歳の人生があり、三十歳には三十歳の人生がある。

先に書いたごとく、そのためには誰かと基本的信頼関係を持つことである。過去の枠組みから脱出するためには、まず過去に接した人間と違った人間に接することである。

自分の父親が政治家であった人は、大学院に行って学者になろうとする人と接することである。自分の父親が先生であった人は、商売をやっている人につきあうことである。自分の親が大企業に勤務していた人は、中小企業の経営者とつきあうことである。

大学院生でノイローゼから自殺をするような人を見ると、ああ、この人が選挙のとき眼の色を変えて応援している人とつきあっていたらノイローゼにならなくてすんだのに、と思う。

自分の人生が行きづまったと感じたとき、まったく違った世界の人とつきあうことである。

過去を生きている人はみなノイローゼなのである。今までの自分の人生で接したことのない世界の人とつきあうことで、過去は吹っ切れる。

僕は今、中小企業の経営者から大企業の社長まで友人がいる。国会議員の友人もいれば、市会議員の選挙の応援にも行く。そうした人とつきあうことで、僕は自分の過去を乗り越えられたし、自分の〝もろさ〟を克服できたと思っている。自分の歪んだものの見方を直してくれたのも彼らである。

僕は選挙の応援をしている人に、よく「大学院生とつきあえ」という。そして大学院の人には「選挙を手伝え」という。自分と同種の世界の人と接するより、まったく異なった世界の人とつきあっている人は、もろくはない。挫折して自殺などという人はいない。そして自分を客観視できる。何よりも過去を生きる愚をおかさない。

〝自分は愛されている〟という幻想

はじめに書いたように、親から愛された人は親からの独立が早い。ということは、小さいころの欲求が満たされ、次の年齢にふさわしい欲求を持てるからである。ところが今まで書いたように、小さいころの愛されたい欲求が満たされず不満だと、何歳になってもその欲求不満の解消を心がけることになるから、いつになっても過去を生きていることになる。

八十歳の老人が三歳の人生を生きているということはめずらしくない。

青年になって親から独立できないのは、少年のとき親から十分に愛されなかった人である。しかしだからといって、過去を生き続けて八十歳になっていいということではない。それでもやはり親から独立しなければならない。

私は今、ラジオでテレフォン人生相談をやっているが、実にいろいろな人が電話をかけてくる。先日は三十九歳になって親子三人で暮らしていて、どうしても結婚できない男性がいた。

なぜ異なった世界の人と接することで過去を脱出できるかといえば、それによって今持っている幻想をふり払うことができるからである。

たとえば、父親に従順であることによって父親の愛を得ていた子どもを考えてみよう。この子は父親に従順で、あるとき、父親の〝愛〟を得る。そのことで〝愛〟を得るためには、相手に従順にし、自分の意見をいったりしないほうがよいと信じるようになる。

そしてその子は自分の望みや自分の主張よりも、他人の望みや他人の主張を嗅ぎ分けて、それに同調する。そして同調することで他人の好意を得ようとする。仲間うちに対しても同じである。

ところが、このようにして他人の〝好意〟を得ても、その人はたえず他人の望みを嗅ぎ分けていなければならないから不安である。他人から評価を得たとしても、決してその人自身が評価されたわけではない。他人にとって単に都合のよい存在であるというにすぎない。

ところが、そうして成長した子が、今までと別の世界の人に接するとどうなるか。自分の意見を持たず、単にみんなに従順であることによって、今までとは逆に〝つまらない人間〟という低い評価を得るかもしれない。

自分の主張をしてもよいのだ、他人と違う自分の意見をいってもよいのだ、そして、そうしてもみんなから高い評価を得ることができる、みんなから受け入れられる、とその人は知る。

そのとき今までの世界で自分が受け入れられていると思ったのは単なる幻想に過ぎなかったと知ることになる。

権威主義的な家庭には意見をいわない子どもが多い。子どもたちは、自分のような者が意見をいえば軽蔑されると思っている。そして意見をいわないことで自分が家庭に受け入れられていると確信する。

やがてこの方法はその子にとって習慣となる。おとなになってからも、この人は出世しない限り〝自分のような者〟は意見をいわないほうがよいと決め込んでしまう。その人は無口であり続ける。

その人ははじめて自分の意見をいうとき、軽蔑されるのではないかと恐れる。しかし、今までと違った世界の人々は、煮え切らない態度のほうを軽蔑する。

人々は決して自分が今まで想像していたような人たちばかりではないのだと実感することで、幻想から解放される。愛されていたというのも幻想だし、受け入れられていたというのも幻想だとわかる。

新しい自分との出会いのために

分裂病患者を出す家庭には三つの類型が見られる。

一つは画一型の場合である。その家族に固有の価値観が徹底している。人間として立派なことは教養があることである、とたとえば考える。みんなそろってこのように考える。「あの人は教養がないから」という一言がすべてを決定する。たとえば、教養の内容は世俗的なことからかけ離れていることと決まっている。みんな同じように考えて同じように行動する。

外見上は一心同体の理想的な家族である。しかし、実はまったく共感を欠いた砂のような集まりなのである。一人一人の個性的な考え方は決して許されない。没個性でありながら、自分たちは個性的であると思い込んでいる。無教養でありながらも、自分たちは教養があると思い込んでいる。

そんな没個性的な家庭のなかで、「世俗的な人って活力がある」などという解釈は許されない。そんなことを考えれば軽蔑される。そのような成員の心理的離散に対してはきわめて敏感で、その人を非難して家庭内にとどめようとする。

「ああいうダメなものの考え方をするようになっちゃった。どこであいつもあんなにダメになっちゃったかね」と、権威主義的中心人物はいう。

教養のあること、という一定の価値観がすべての成員をしばり、すべての他人をこの基準で評価する。

こうした家で育った人が、まったく違った世界の人と接することで、はじめて自分の今までの世界を正しく考えることができる。

教養、教養と騒いでいたのは、実はその家族の情動生活の貧しさをあらわしているにすぎなかったのだ、と感じるためには、他の世界の人とつきあうことによって可能である。

今まで、無教養と軽蔑していた世俗の人のほうが、実は柔軟な考え方をしているとわかったりする。そしてはじめて自分たちの固い考え方に気づく。

家庭、家庭と騒いでいたが、実はその家庭の成員がものごとに共感する能力をひどく欠如していると気づく。

このように気づくことのなかで、幻想を捨て、過去から脱出することができるのである。

新しい自分との出会いのためには過去の亡霊と訣別しなければならない。

あなたは、いつまで、そんなに過去の亡霊に悩まされているのだ。

今まで、あなたのまわりにいた人は、ありのままのあなたを受け入れてくれなかったかもしれない。

しかし、この世の中には、今のありのままのあなたを受け入れてくれる人はいくらでもいる。

今まであなたのまわりにいた人は、あなたの身になってものごとを感じる能力が欠如していたかもしれない。

しかし、相手の身になってものごとを感じられる人はこの世の中にいくらでもいる。

今まであなたのまわりにいた人は、あなたが生きていくのに必要としているものを理解する能力がなかったかもしれない。

しかし、世の中には、他人の必要に敏感な人はいくらでもいる。

新しい種類の人に接したとき、過去の亡霊が消えていき、絶望が希望に、不信が信頼に変わっていくのである。

第Ⅳ章

他人を恐れず、自分にとらわれず

受け身の生き方を転換させるために

まず自分を抑圧することをやめてみる

自分を不幸にすることに必死になっていないか

人にとり入ることと人に甘えること

自分自身を頼りにできない人にとっては、生きることは重荷である。依存心の強い人にとって、生きることはたえず重荷とならざるを得ないのである。それは常に追われている気持ちを持っているからである。常に自分が何かに拘束されていなければいられないからである。

拘束されることは、疲れて不快なことであるが、拘束されないことは、虚無感につながる。だから、依存心の強い人間は虚無感と拘束感との間にはさまれているのである。拘束がはずされたときに、そこに何らかの自立性が存在していれば、虚無感を味わうことはない。

しかし、依存心の強い人は拘束を解かれたとき、そこに自立性を持った自分が存在しないから、やりようのない味気なさが存在するのである。したがって、たえざる虚無感に苦しんでいる人はその人が自分自身を見出せないでいることをあらわしている。

自己発見とは、依存心の克服ぬきにあり得ないことである。自立性を養うことが自己発見なのである。

自己不在感、味気なさは依存心を持った人間特有のものであろう。

依存心の強い人は、依存の対象以外のものに自分を関係づけていくことができない。もしその人が母親に依存しているならば、母親以外の人とは自分を関連づけることはなかなかできない。もしその人が自分の子どもに依存しているならば、自分の子ども以外の人と自分を関連づけることはなかなかできない。

依存心の強い人が、内面《うちづら》が悪く、外面《そとづら》がよいのは、外の人間にとり入ろうとしているからであろう。外の人間にとり入ろうとするのは、外の人間と自分を関係づけることができないからである。

外の人間と自分を関係づけることができるならば、どうして外の人間にとり入ることがあろうか。そして内面が悪いというのは、内の人間に対して依存しながらも、内の人間を支配しようとするからである。

甘えとは、幼児的依存心のことであるが、甘えを持っている人の行動を見てみれば、そのことがよくわかる。

小さい子どもが母親に甘えているとする。おもちゃ屋の前に来る。おもちゃを買おうとするが、母親がいけないという。そのとき、だだをこねだす。子どもは母親に依存しながらも、母親が自分のいいなりに動くことを期待しているのである。

そして、母親が自分の期待するように動かないときに、すねたり、ひがんだり、泣いたり、わめいたりする。

これを見てもわかるように、ある人に甘えるとか、ある人に依存するとかということは、その人に依存しながらも、その人が自分の意のままに動くことを期待しているということである。

主張すべき自己を持たない人たち

依存する対象を支配しようとするのは、依存心の特徴である。

甘えた人間が恋愛をした場合も同じである。自分の恋人が自分の意のままに動くことを期待する。自分の意のままに動かないとき、すねたり、ひがんだりしはじめる。自分が何かを質問したとき、自分の期待するような答えが返ってこないと、すぐに傷ついておこりだす。

依存心の強い人は、依存の対象が常に自分の期待どおりに動くことを求め、期待どおりに動かないと傷つき、不機嫌になる。

日常的な会話においてすら、自分の期待したような会話がおこなわれなければ、そのまま相手に対して不満になる。相手は自分が求めるようなことを質問しなければならない。また自分が求めるような答え方をしない限り、不満になり、すねるのである。

そのように甘えた人間は、相手が自分の望むような形で動くことを常に期待し、要求する。その要求がとおらないといっては、傷ついたり、不機嫌になったりするのである。

そして、自分が依存していない相手、自分が甘えていない相手は、自分にとって脅威の存在であるから、たえずとり入ることを考える。依存の対象、甘えている対象以外は、自分の存在をおびやかすものなのである。

したがって、そのような外部の人間に対しては、極端なまでに気がひけてみたり、極端に遠慮をしてみたり、そこまで気がひける必要がないと思うほど、気がひけてしまう。決して自己を主張することがない。

いずれにしろ、甘えている人に対しても、外部の人に対しても、基本的には自己主張を欠いているということである。

主張すべき自己を持たないから、ある人に対しては他者の動きによって自分を確認しようとし、ある人に対してはその自己の不確実感からとり入るのである。

自分が甘えている対象の人は、自分のことを特殊な扱いをすることを求める。そして、自分を特殊に扱ってくれない限り、すぐに傷ついてしまうのである。

また、周囲の人が自分をふつうに扱っても、それによって自分の存在が脅威にさらされていると感じる。

分裂病患者が、周囲に向かってさらされているような感じを受けるというのも、自分の存在そのものを感じることができないからである。

一方で支えを求め、一方でさらされることを恐怖とする。いずれも、それらの人は依存心ばかりが強くて、何らかの原因で自立性が育ってこなかったのであろう。

内に向かっての不満感は、外に向かっての恐怖感となる。これで疲れないわけがない。

自立性がそなわっている人は、内に向かって安心感を持ち、外に向かっては、自己を発展させようとする。自立する人は挑戦をおこなう人であろう。

依存心が強いと、どうしても自分が自分として存在することが許されないという気持ちになる。つまり、自分が存在することの正当性を依存する対象から得ている以上、常にその依存する対象から脅威を感じるのは当然である。

自分が自分として存在することを許されていないような感じを受けながら生きるということは、生きることが重荷であるということにほかならない。

たえず、重荷を背負って生きる人間は、疲れざるを得ない。

自分の感情を抑圧してしまう

依存心を克服できなければ自己の抑圧をおこなわざるを得ない。

小さいころ、母親が父親と不仲であった娘は、父親への感情を押し殺さねばならない。母親に心理的に依存している以上、その母親が父親を憎んでいるのだから仕方がない。自分の父親への幼い愛情は抑圧する以外にはない。その愛情を表現することは、母を裏切ることになる。しかし母親に心理的に依存している以上、母親を裏切れない。

この子にとって残された方法は、父親への愛情を抑圧することだけである。

このような依存は後年、その子が男性と親しくなることを妨害する。その女の子はおとなになっても男性と親しくなれない場合がある。

依存と抑圧という関係は、われわれがきちんと理解しておかねばならないことである。恩着せがましい父親に育てられた子どもを考えてみよう。子どもは自分をどう感じなければならないだろうか。

「僕は幸せだ」と感じなければならない。なぜなら恩着せがましい父親は、子どもに「おまえたちのためにこんなにしてやっている」と常にいい続けるからである。明示的にいわなくても、黙示的に示す。「おれはこんなに立派な親なのだ」。したがって子供は親に感謝しなければならない。

こんな立派な親で、こんな立派な家庭で、不幸であるはずがない。自分が不幸であることは、この「立派である」親と家を否定することである。子どもが親に心理的に依存している以上、親のこの考え方を否定できない。

恩着せがましい親に育てられた子どもは不幸である。しかし親に心理的に依存している以上、この「自分は不幸である」という感情を抑圧せざるを得ない。

抑圧とは意志でもって強引にある考えや衝動を無意識へ押し込めることである。

先の女の子にとって「父親が好きである」というのは真実である。この男の子にとって「自分は不幸である」というのは真実である。しかし、それは抑圧しなければならない。

抑圧とは真実と直面することを避ける方法である。あるいは真実から身を守る方法である。

したがって抑圧されている子どもの行動は、何となく曖昧《あいまい》なものである。ものごとをハッキリさせないで、何もかも曖昧にしておこうとする人がいる。こういう人は抑圧された人なのである。真実があらわれることを恐れている。そして無意識では真実が何であるかを知っている。したがって何となくビクビクして、臆病かぜに吹かれている。自己不適格感に悩まされている。何となく、このままの自分ではいけないと感じている。

悩まないために、ある真実の感情を抑圧したのに、結果としていつも何となく悩まされ、何かをいつも心配していることになる。

そして、「父を好きである」「自分は不幸である」という真実の感情を抑圧し逃げたことで、よりこの真実の感情を恐れるようになる。

なぜ神経症になるのか

抑圧は、その場でほっと人を救うが、結果としては、その人の生をより重くしてしまっているのである。

そして抑圧は拡大する。

「自分は不幸である」のに「幸福である」かのごとくふるまうことで、他の感情についても偽りだす。父親が官僚を嫌いだとすれば、自分も官僚を嫌いにならなければいけない。父親が学者は立派だといえば、自分は学者を「世間知らず」などと思ってはならない。父親が歌謡曲はくだらないといえば、歌謡曲を聞きたいという欲望を抑えなければならない。

かくて抑圧は拡大し、その人をおおう。

自分は演歌を聞きたい、しかし、それをくだらぬという父に心理的に依存しているなら、演歌を聴きたいという感情を抑圧しなければならない。

母親が、不仲の父を酒飲みと責めている以上、お酒を飲む恋人を持つことはできない。その母親に自分が心理的に依存しているのであるなら、もしお酒を飲む男性を好きになったら、母親の手前、その好きという感情も抑圧しなければならない。

しかし、その男性が好きだ、という感情は真実である。そしてこのように真実を避けよう、その感情を持ちたくないという欲求は、すべての神経症に見られる。つまり↓抑圧↓神経症というコースである。

恩着せがましい父親が酒を飲まず、「酒飲みは卑しい」といったらどうなるか。その親に心理的に依存している子どもは、みんなが酒を飲んで楽しくやっているのをくだらないと否定しなければならない。たとえ、「ああ、楽しそうだなあ、自分もあんなふうに酔っぱらって、家に帰ってパッタリと幸福に眠ってみたい」と感じても、その感情は抑圧しなければならない。

自分のなかに自分が認めることのできない感情があると神経症になる。真理を拒否したことで神経症になるのである。しかし自分がある人に心理的に依存している以上、ときにはどのような重大な真実でも拒否しなければならない。

抑圧は拡大し、人は自己喪失する。抑圧によって人は感情が鈍化する。依存心の強い人が、みずみずしい感情を持っていないのは当然である。

抑圧が成功すると、感情が全般的に鈍化するというのは、考えてみると恐ろしいことである。はじめ「自分は不幸である」という感情を抑圧した。そして次々に抑圧は拡大し、酒の雰囲気も嫌いになった。かくて最後には、美しい音楽を聞いても、雄大な海を見ても感動しなくなる。

われわれは無感動をもたらした抑圧をつきとめなければならないし、その抑圧をもたらした依存心を取り上げなければならない。

真に求めているものを否定すると…

僕がこの本のなかで繰り返し依存心を取り上げているのは、この依存─抑圧という関係ゆえにである。

抑圧は悪の根源である。われわれは自分の真実の感情を抑圧することに大変な努力を払う。そして、そのついやされた莫大な努力の結果が絶望なのである。誰かに心理的に依存しているがゆえに、認め難い自分の感情を隠滅しようとする努力によって、自分が自分をいよいよ嫌いになる。

それにしても、この世には、自分を不幸にするために死にものぐるいの努力をしている人が何と多いことか。

僕はこの本を読む人に、どうしてもこの一点だけは理解してもらいたいのである。

決して過ちを許さない父親に育てられた少年がいた。少年はいつでも過ちを恐れていた。たとえ失敗しても、どうしても失敗を認めることはできなかった。したがって常に言い訳をしていた。言い訳が言い訳をよび、何のために生きているのだろうと思われるほどひどくなった。他人が過ちを指摘するとヒステリーのようになった。

この人のすべきことは、実は言い訳をすることではなくて、情緒的未成熟の親から心理的離浮をとげることだったのである。

父親への心理的依存から長いこと権力への願望を抑圧してきた人がいた。彼は権力に対して異常な反感を示した。なりふりかまわず権力を否定した。自分の求めているものを、なりふりかまわず否定することの悲劇は、世の中でよくおこなわれている。その人が権力に対して示す敏感な反発は逆に、その人がいかに権力を求めているかを示していた。

自分が真に求めているものを否定することによって、人は自己嫌悪におちいる。

有名人のまわりに人は群がる。しかしその人々が同時にその有名人に反感を示す。その有名人をけなしながらも、その有名人のそばにいる機会を喜ぶ。このような人々はみな激しい自己嫌悪におちいっているのであろう。

名声の願望をどこかで抑圧したのである。その抑圧の根源には必ず依存心があるはずである。

自立的な生き方ができないのは

池見《いけみ》酉次郎《ゆうじろう》氏の『自己分析』という本のなかに「家の重圧」という項目がある。慢性的な十二指腸潰瘍に悩んでいる人の話である。

その人は、二十年以上にわたって十二指腸潰瘍の持病があり、毎夜、午前二時ごろになると目が覚めて、ひどい胃痛になやまされているという。

市内の有名な内科医にみてもらってもよくならず、その医者も匙《さじ》を投げたという。その医者は手術をすすめるのだが、由緒ある商家に生まれて、その一門の実力者であるがために、家族や親戚が万一のことを恐れて手術に同意してくれない。そこで、おかゆをとりながら、毎日仕事ばかりしていたという。

彼は、小さいころから父親に厳しく育てられたようである。彼は十三番目の末っ子として生まれた。そして、徹底的に兄たちの〝兵隊〟になるべくたたき込まれた。

その後、さまざまな事情があって、兄たちが死んでしまったりして、彼がその一門の実力者になったのである。十二指腸潰瘍の症状がはじまったのも、責任ある地位に立たされてからだったという。

彼は、彼の兄の長男、つまり甥などの親類縁者にとり囲まれており、しかもその親類縁者というのは出来が悪い。彼はその出来の悪い親類縁者の面倒をみながら、心身を消耗していたのである。

しかも、出来の悪い親類縁者の面倒をみることで、彼の家族は不平をもらす。そして、彼は小さいころから、父親に「兵隊として兄たちに仕え、家運の発展に粉骨砕身せよ」という家訓を植えつけられたという。

要するに、彼は親から利己的であってはならないということを教訓されたのだ、と僕は理解する。

彼は利己的であることが最悪の人間であるとたたき込まれたのであろう。

彼は、利己的であってはならない。利己的であってはならないというふうに思っていたに違いない。そして、家のために奉仕しよう、兄たちのために奉仕しよう、親類縁者のために奉仕しよう、それが自分の宿命だと理解したのであろう。

しかし、いかに利己的であってはならないと徹底的にたたき込まれたとしても、自分のなかにある自立への願望を消すことができず、彼はその葛藤のなかで十二指腸潰瘍になった、ということである。

今、「利己的」という悪いことばを使ったが、それは子どもにとっては「自立」ということである。子どもにとっての自己喪失が、情緒的に未成熟な親にとっては嬉しいことなのである。

ところで、この人はなぜ十二指腸潰瘍にならなければならなかったか。それは親への依存心を断ち切れなかったからであろう。

これらの場合、結局は、親は自分にとって都合のいい子どもを育てようとしたにすぎないのである。彼の親は、自分にとって都合のいい子どもを育てようとしたために、彼をノイローゼにしたにすぎない。

われわれにとってたいせつなことは、ありのままの自分を認め、そしてそのありのままの自分を、いかにして他人のために使うかということなのである。

最初から自分というものを規定してしまって、このように行動しなければならない、こう思わねばならないと考えることによって、われわれはノイローゼになるのである。そして、そのような人は、たいていは親からの依存心を脱し切れていないのである。

自分のために生きることが他人のために生きることであり、自分の能力をせいいっぱい生かすことが、同時に他人に仕えることなのである。そういう生き方ではなく、徹底的に、自分に都合のいい子を育てようとした親たちは、みな子どもに非利己的であることを要求するのである。

明日を思いわずらわずに生きる

安心感と自由感はどう得られるか

人間が疲れを覚えるとき

疲れやすいということに関して、もう一度考えてみよう。

自分のことばでしゃべっていない人は、疲れやすいということがいえるであろう。

たとえば、大学でゼミがある。学生を見ていると、自分がよく理解したことがらを自分のことばでしゃべっている人は、研究発表したあと疲れるということが少ないようである。それにくらべて、自分とは距離のあることばで、自分とは距離のあるテーマを発表するとき、疲れるようである。

要するに、われわれは、自分が自分として存在しないときに、本来の自分と、「ふりをしている自分」との緊張が高まり、そのストレスから、さまざまな疲れを感じるのではなかろうか。

「遠くへ行きたい」というテレビ番組がある。この番組のテーマソングにある「遠くへ行きたい」といういい方も、本来の自分がどこか遠くへ行ってしまっているという感情ではなかろうか。

今、ここにある自分が本当の自分ではなく、本当の自分がどこか遠くへ行ってしまっている。そのどこか遠くへ行ってしまった自分と会いたいというのが、「どこか遠くへ行きたい」という歌に象徴される感情のような気がする。自分が自分として存在していないとき、すべてのことが不確かなのである。

人前で、自分にとって関心のないことばを自分とかけ離れた用語で一日中しゃべり続けたら、たいていの人は疲れるに決まっている。

しかし、新鮮な恋人と一日中語りあうときは、関心のないテーマを自分には遠い用語で語り続けるときのような疲労感はないであろう。片方は、自分が自分として存在したことであり、他方は、自分が自分として存在できなかったことである。

われわれは、自分を使うから疲れるのではなく、自分を使わないから疲れるのである。

自分の関心のあるテーマを自分が理解し、そして自分のことばで話しているとき、疲れを感じない。それは、自分を使っているからである。

それにくらべて、自分が関心のないテーマを自分とは距離のあることばで説明しているとき、われわれは疲れる。それは、自分を抑圧し、自分でない自分が行動しているから疲れるのである。つまり、自分を使っていないということである。

われわれは自発的に何かをするときには疲れない。ところが、自分からすすんでやることではなく、他からの強制によって、やらざるを得なくて何かをやるようなとき、疲れる。

自発的に何かをやるときに疲れないのは、自分が自分を使っているからである。

したがって、分裂病患者のような人が、すぐに疲れてしまうというのは、よくわかるような気がする。つまり、分裂病患者は、何かを自分が一人でやりだすということはなかなかできない人たちであろう。

もちろん、何かを一人でやることならできる。しかし、やったあと、そのやったことに対して、幻滅を感じるという。自分のやったことに、決定的な何かが欠けていると感じるというのである。しかし、自分以外の誰かから命令されてやったときには、そのような幻滅感がないという。

ところが、自分以外の誰かの命令でやりたくないことをやったとき、われわれは疲れるのである。自分がすすんでやることではないことをやったときに、われわれは疲れるのである。

〝ねばならない〟の心理

そうした意味では、われわれは自分が心理的に依存している対象から離れていくとき、むなしさと不安を感じるものであろう。今までわれわれに意味を与えていたのは、まさにそのわれわれが心理的に依存している対象そのものであったのである。

依存心を克服し、自立性を自分のなかに育てていくということは、その対象から離れることであり、その対象が与えていたこの安心感と意味を自分自身のなかに発見できるようになるということである。

自立性が自分のなかに育ってきたとき、われわれは安心感と意味のなかにおいて活動的になれるのである。

自立性が養われず、依存心が強い人間でも活動はする。しかし、依存心の強い人間が活動しているときは、その活動そのもののなかに安心感や意味を感ずることはできない。安心感よりも、拘束感が出てくるのである。

したがって、几帳面にならざるを得ない。〝何々をしなければならない〟という形でものごとを考え、あるいは感じてしまう。

朝七時には起きなければならない、七時半には食事をしなければならない、八時にはでかけなければならない、今日はここまで仕事をしなければならない、午後七時には人と会わねばならない、十二時には寝なければならない……という具合に、すべて〝ねばならない〟〝ねばならない〟という形で一日の行動が運んでいくのである。

自立性から出てくるものは、安心感であるのに対して、依存心から出てくるのは、拘束感である。つまり、依存心は依存の対象から安心感を得ることはできない。不安を取りのぞいてはくれるが、安心感を与えるというよりも、拘束感を与えるのである。

何かに拘束されたような気持ちで活動するのは、依存心からの活動であり、自立性を持った人の活動は、安心感と自由感のもとにおける活動である。そして、依存心のある場合、拘束感がとれると、そこに無意味感が出てきてしまう。

依存心を持った人が何らかの拘束を逃れようとすると、そこに出てくるのは無意味感なのである。

拘束されて、命じられて何かをするのが嫌だといって、それでは自分から何かをしようと考え、それをしたとしても、そこには無意味感や虚無感が出てくるだけであろう。

拘束というのは、人を疲れさすものである。

こういう仕事をしなければならない、自分はこういう人間にならなければならない、自分は人とのつきあいにこういうことばを使わなければならない――依存心のある人が人と接するときは、このような拘束感を常に持っているであろう。

したがって、人とのつきあいも楽しむことができない。人と接すれば疲れるし、仕事をすれば疲れる。それはすべて拘束にとりまかれているからである。

それに対して、自立性が出てきた場合、人と会っても楽しいし、活動がそもそも自発性にもとづいているから、自分の能力が展開するということにおいて、むしろ活動のなかで快適さを味わうことができる。

依存心を持つ人が活動しているとき、常に追われるような気持ちであるのは、依存の対象から拘束されているからである。

何をやっていても、そこに落ち着くことはできない。勉強していても、効果が上がっているだろうかという気持ちで、常に追われているし、遊んでいても、英気を養っているだろうかということで、追われている気持ちになる。依存心があれば、依存の対象からの命令にしたがってあることをやるが、それは常に、追われている気持ちからである。逃れることはできない状態にいながら逃れようとしているようなものなのである。

今のこのときをたいせつにする

過日、ある人と講演旅行に行った。夜、用事が終わって、その人とその地方の民謡酒場に出かけていった。その人が、ぜひその地方の民謡を聞きたい、その地方の踊りを見たいというのである。たしか、夜の十時ごろであったと記憶している。僕たちが入ってから、すぐに舞台は終わってしまった。だから三十分ぐらい、次の踊りまで待たなければならなかった。

いっしょに講演に行ったその人は、たまたま前にすわった民謡の歌い手さんを相手に話しはじめた。

最初はその歌い手さんも、いい加減に相手をしていたようであるが、その人がきわめて熱心にその地方の民謡について聞きだしたので、三分たち、十分たち、十五分たつうちに、その歌い手さんの顔色や態度がはっきり変わってきた。それが僕にはよくわかった。

その歌い手さんはいい加減に三十分間を過ごすという態度ではなくなってきた。あきらかにその歌い手さんも真剣になりだした。というのは、その人が実に真剣に歌い手さんにものごとを訊ね、歌い手さんのいうことを熱心に聞いたからである。

いっしょに講演に行ったその人は、そのときそのときをたいせつにして生きる人なのであった。今、そばにいる人、今、自分が会っている人をたいせつにする。今という時間をたいせつにするという態度である。

今、自分の目の前にいる人は、どうでもいい、そして、明日の講演のために力を貯えておこう、エネルギーを貯えておこうというよりも、あらゆる好奇心をその場その場で働かせる人であった。

僕はその民謡酒場で、その民謡の歌い手さんと僕の知人との対話と態度を見ながら、禅宗の「一期《いちご》一会《いちえ》」ということばを思いだした。

僕は禅宗についてよくは知らないが、とにかく禅宗というのは、現在を最高に生きることを主張する。それが「一期一会」である。現在に最善を尽くすのである。それは、キリスト教も同じことであろう。「明日を思いわずらうことなかれ」である。

依存心が強くて、受け身の人というのは、現在に最善を尽くすことをしないで、明日ばかり思いわずらっている。現在の生活をよく生きようとする努力でなく、現在をおろそかにしながら、明日を思いわずらうというのが、依存心の強い人である。

それは、長期的に見れば、十五歳は、二十歳になる手段であり、二十歳は四十歳になる手段であるとする生き方である。

高校は大学のためにあり、大学は就職のためにあり、平社員は係長のためのポストであり、係長は課長になるための過程にしかすぎない。常に将来のために、現在の生活を犠牲にする。その時代その時代にはそれぞれの価値があるということが、どうしても感じられない。

このように、依存心の強い人は、現在をおろそかにしながら、常に将来を思いわずらっている。

明日を思いわずらうから不眠症になる

よく不眠症のことが問題になる。そして、不眠症の解決について書いた本には、必ず「寝よう寝ようとするな」と書いてある。「寝られなければ、寝られないでいいやと考えろ」と書いてある。

まことにそのとおりであるが、基本的には不眠症の原因というのは、その夜にあるのではなく、昼の生活の仕方にあるという視点を失っては解決にはならない。

不眠症の人は、いかに寝るかということを考えるが、夜になっていかに寝るかということを考えたとて、決して寝られるものではない。

不眠症の解決の仕方の本を読み、夜になり、さあ寝ようとしないことだと自分にいい聞かせてみたとて、寝られない人は寝られない。それは寝られない原因が夜にあるのではなく、昼の生活にあるからである。

昼、せいいっぱい生きた人は、どうしたら寝られるかなどということは考えない。昼間、全力を投じて生きる人は、夜もまたぐっすり寝られる。

昼は昼なのであり、夜は夜なのである。思いわずらうことなく、全力を投じて、昼生きた人は、夜もまたぐっすり寝られるものである。

今日は今日、明日は明日、そのような生き方が不安な人には、なかなかできないようである。そしてぐっすり寝ることができない。

あるゴルフのコンペの前日のことである。そのゴルフのコンペに参加する人と飲んでいた。翌日がゴルフであるから、早く帰り、早く寝ることがいい。それは確かに理想的なのである。

しかし、そのような外側の理想形態は、内面の理想をともなってはじめて意味がある。

明日はコンペだから、早く寝ないとたいへんだという不安を持っている人にとっては、外側だけそのような理想の生活をしても、決していい結果は得られない。

試験の前日、早く寝なければといって、早く寝てみても、翌日の入学試験に覚悟の決まっていない人は、なかなか寝つけないし、同時に、翌日の入学試験で自分の全力を出し切ることはできない。

ゴルフのコンペの話に戻ると、僕はその人に、「明日はスポーツなのだから、しかも、朝早くスタートするゴルフなのだから、早く帰って寝たらどうか」といった。すると、その人は、「明日は明日、今日は今日だ」といった。

「今日は今日で、十分に楽しむ。そして、明日は明日でまた全力を尽くす。それだけなのだ」という。そして、もう一軒、飲みに行った。

もちろん、その人はプロではない。プロであったら、このような生活態度はあきらかに批判されるべきものである。

しかし、たいせつなのは、「今日は今日であり、明日は明日である」ということを素直に感じられる人が、早く家に帰り、早く寝て意味があるのであって、今日は今日で十分に楽しめないような人が、早く家に帰り、早く寝たとて、それは意味のないことであろう。

「一期一会」の考えに立ち、現在に最善を尽くし、明日を思いわずらうことなく、現在の生活に集中できる人が、明日のために早く寝て、はじめて意味があるのである。

自立した人間の生活態度とは

最初の話に戻ると、いっしょに講演に行った人は、講演という仕事のほかに、その地方のことをすべて吸収しようと、可能な限り動きまわった。いろいろな人に話を聞き、資料を集め、その地方のものを食べ、その地方のお酒を飲み、多くの人に会い、十二時前に寝たことはなかった。にもかかわらず、彼が元気に講演旅行を続けられたのは、夜、ベッドに入ったとたんにぐっすり眠るからである。

一日一日に最善を尽くし、同時に、その一時間一時間に最善を尽くす。そのような生活態度こそが、自立した人間の生活態度なのである。そして、そのような生活態度をしている人は、案外疲れていないということである。

その地方に行きながら、好奇心があり、その地方のことを知ろうとして、いろいろな人に会ったり、資料をもらったりしている人は、おもしろいから疲れないのである。そして、疲れた分は、夜、寝ると取れてしまうのである。

夜、十二時過ぎに、その人といっしょにホテルへ帰る。そして彼は、ホテルのロビーに置いてあるその地方の新聞を読むために、ロビーに座るのである。

僕は、そこまで体力もないし、生活態度もそこまでできていないので、いつもホテルに帰ると、「おやすみなさい」といって、先に自分の部屋に戻ったものである。

しかし、その人は、それからロビーに座って、丹念にその地方の新聞を読むのである。あるときなど、新聞を読んでいるうちにウトウトしてきて、気がついたら、ロビーで新聞を抱えたまま寝込んでいたということもあったという。

依存心の強い人であるならば、明日の講演を考えて不安になり、早くベッドに入り、そして寝られない夜を過ごすということになるだろう。

夜遅くロビーでその地方の新聞を読みながら、疲れて寝てしまうという生活態度があってはじめて、早寝早起きということも生きてくる。

僕は、そのような人たちの外側の生活をまねすることは、決していいことであるとは思っていない。やはり十二時前に寝たほうがいいし、翌日スポーツの大会があるならば、早く寝たほうがいい。外側の生活を規律正しくすることは、たいせつである。

ただ、ここでいいたいのは、そのような気持ちのあり方である。そのような気持ちのあり方が、たいせつなことだといいたいのである。

十二時過ぎまで起きていろというのではなく、その地方に行ったら、どんなに疲れていても、その地方の新聞を読みたいという欲求、そして、その新聞を読むことが、自分にとっておもしろくてしようがないという感情の動き方、そういうことがたいせつだということをいいたいのである。

「今を楽しむ」ことの重要性

新聞を読むときは、とにかく新聞を読む。こんなに遅くまで起きていて、と不安になりながら新聞を読み、早く眠らなければとあせる。それが不眠につながるのである。遅くても、早くても関係ない、そのとき自分のやっていることに全力を尽くせば眠れるのである。

あるサラリーマンは課の忘年旅行が苦痛であるという。旅行先でマージャンがはじまる。遅くなる。夜中になり、ときには明け方まで続く。その人は不眠症的傾向があり、早く床につけば安心して寝つけるのだが、遅くなると、「ああ、早く寝つかなければ」とあせって寝つけないのだという。そして忘年会のときは、夜中や明け方に寝るので、翌日のことを考えてあせるばかりで寝つけず、いつも朝食のとき憔悴しているという。翌日一日がつらいのだという。しかしマージャンをやる仲間は終わって床に入ると、とたんにグーグーいびきをかいて寝はじめる。そしてそのいびき声がよけいその人をあせらせる、というのである。

この人はマージャンをやっているときには、「早く終わらないか、早く終わらないか」とイライラしている。いっこうにマージャンに身が入らない、不安で落ち着かず、マージャンを楽しめない。こんなに遅くなって、明日がまたつらい……と気持ちがあせる。

しかしこの人が眠りにつけないのは、マージャンを思う存分楽しもうとしないからなのである。〝早く終われば、早く終われば〟と思っているから、終わっても寝つけない。とにかくマージャンをやっているときはマージャン以外のことは考えないで、マージャンを楽しんでしまえば、明け方五時に終わっても八時まではグッスリと眠れるだろう。

このサラリーマンは忘年会ばかりではなく、つきあいで飲むときも同じだという。遅くなると、早く帰って寝なければ、とそればかり気になってしまうという。

僕はそのサラリーマンに、「とにかく、今で人生が終わりだ」と思うぐらい、今を楽しむことだ、といった。今を楽しもうとしないから、不眠恐怖症になるのである。

ありのままの自分を出す

我執が強い人ほど他人の眼が気になる

自分のありのままの姿を見せる

ところで、「一期一会」といい、「現在に最善を尽くす」というが、そのためには、自分の肩書きを捨てることができたり、自分の劣等感を捨てることができたりしなければならない。

おれはこんなにえらいんだぞという肩書きとか、どうせ私なんかというような捨てばちな感情を捨てることがたいせつであろう。

前に紹介した講演の同行者というのは、実はある大会社の常務であり、若手の財界人として活躍をはじめたといってもいいような人である。このばりばりの若手常務が、その民謡酒場で熱心に歌い手さんから民謡を歌うときの気持ちや民謡の話を聞いているとき、彼はまったく自分の肩書きを捨てていたし、その人自身、自分はこういう人間であるという意識もまったくなかったのであろう。

まさに、虚心に歌手から民謡を歌うときの気持ちを聞いていた。そしてその地方の民謡や踊りを見るときは、あくまで一人の人間として見ていたのであり、大企業の常務として見ていたわけではない。そして、自分のそのような肩書きをまったく意識しないで接することができればこそ、現在に最善を尽くすことができるのである。

そのときそのときをたいせつに生きるためには、このような態度がなければならないであろう。

劣等感や立派な肩書きを捨てられるということと同じことなのであるが、そのときそのときを懸命に生きることができ、しかも疲れないというためには、自分のありのままの姿を周囲の人に見せられなければならないのである。

すぐに疲れてしまって、いろいろなことができない人というのは、うそをついている場合が多い。そして、たいてい利己主義者である。得しよう得しようと考えている。自分のありのままの姿を人に見せることを拒否しているのである。そして、そのことは、人々が自分のありのままの姿を知ったら、自分に失望し、自分から逃げていってしまうのではないかという不安をもあらわしている。

その若手常務は、どこに行っても、不自然に、陽気そうにふるまうことがないが、どこに行っても、人から信頼される人であった。

不自然に、陽気にはしゃぐ人というのは、実は自分のほんとうの姿を人に見せることを恐れているのである。そういう人は、自分のほんとうの姿というのを自分も好きではないし、他の人も好きではないだろうという劣等感を持っている。何かをいつも隠している。

ほんとうの自分を他人から受け入れてもらえない、だから偽りの姿を他人に見せる。そして、いつも緊張している。気が休まることがない。綱渡りをしているような緊張感で、疲れてしまう。

何かを隠そうとして緊張する人は、すぐに疲れる。その何かが、ほんとうのありのままの自分である場合には、ことにそうである。そして、その緊張感が他人にも伝わり、結局は、他人にも受け入れてもらえないということになるのであろう。

その若手常務は、そのような緊張を心のなかに持っていないので、一度会った人にさえ良い印象を与え、彼と話をする人に安心感を与える。

より大きな安心感を求めようとするのは

ほんとうの自分を他人に隠す人は、ふつうの人以上の愛を必要とするのである。ほんとうの自分を隠す人は、ふつうの人より不安であるがゆえにふつうの人以上に安心感を求めている。それが、依存心の強い人は愛情欲求が激しいということでもある。

ほんとうの自分を隠すために、人以上に愛を必要とし、ほんとうの自分を隠すがゆえに、あるときは高慢になり、高慢になりながらもほんとうの自分を隠しているために緊張し、びくびくしている。

あるときは高慢になり、他人を見下した発言をしながら、それが自分の内面の不安を隠すための行動であるがゆえに、別のときには不必要に他人におせじをいったりする。卑屈になって他人の気持ちにとり入るために、おべっかを使う。

高慢になったり、他人におべっかを使ったりするのは、現象としては逆であるが、心理的には同じ自信のなさをあらわしている。

自分の肩書きを捨てられる彼は、自慢話が少ない。つまり、強い人なのである。自慢話を常にする人は、自分は強いといっているのではなく、自分は弱いということをいっているにすぎない。彼は臆病でもなく、恥ずかしがり屋でもない。自分の主張をしながら、他人に嫌われるということを恐れていなかった。

ところで、われわれが講演に行く先では、われわれの講演のことがその地方の新聞に書かれることがある。そうすると、たまたまその地方に知り合いがいると、訪ねてきたりする。

そのときのこの若手常務の態度を見ていると、なるほどこの世の中で大きな仕事をしている人だと思わされることがある。かなり忙しい日程で、前日も遅く寝、睡眠不足がちでありながら、昔の知人や関係者が訪ねてくると、彼はそれを決して迷惑と感じない。それをうれしいと感じる。

しかし、人によっては、忙しいときにそのような人が訪ねてくれば、迷惑と感じる。迷惑と感じる人は疲れるけれども、うれしいと感じる人は疲れをいやされる。つまり、かつての知人なりなつかしい関係者が訪ねてくるという、その同じことを、迷惑と感じるか、うれしいと感じるかは、決定的な差なのである。

「他人がどう思おうと…」

今あげてきた人と違って、自意識過剰の人がいる。「自分の頭の格好がおかしい」とか「自分は貧弱な身体だ」といいはっている人である。そういう人にとって、他人は自分の身体的欠陥を映し出す単なる鏡になってしまっているのである。この人は他人そのものへの関心はまったくない。自分の関心はすべて自分の身体にある。

僕は『俺には俺の生き方がある』という本のなかで、たびたび「他人なんかどう思うか気にするな」と書いた。ところが、この点の真意が理解されない場合があった。「他人なんかどう思ってもかまわない」ということは、決して「他人への関心」なんか持たなくていいということではない。むしろ他人への関心を持て、ということなのである。

今、例にあげている人に向かって、僕が「他人なんか、どう思ったってかまわない」ということは、自分の関心がもっぱら自分の身体的欠陥にいってしまっていることをやめさせようとしているからなのである。この点を正確に理解しないと、われわれはさらに大きな間違いをおかすことになる。

この人の自己のイメージは、他人の表情によってつくられてくる。そしてこの人は他人の表情に敏感である。

しかしこの人が、どんなに他人の表情に敏感であっても、他人そのものに関心があるわけではない。この人の関心はもっぱら、他人の表情を契機としてつくられる自分のイメージにあるのである。

この人にとって他人はいない。心の交流を持つ他人の存在は、この人にとってはいない。この人は、どんなに他人の表情に敏感に反応しても、他人への思いやりはゼロに近いであろう。

僕のところには、実にいろいろの人が来る。先日は、「僕の顔は驚くほど醜いんです」と主張してやまない人があらわれた。僕から見たらふつうの青年である。決して驚くほど醜くはない。しかし彼はがんとして譲らない。

「だって、道を通る人はみんな僕を見て笑うんですよ」と主張する。それはほかのことで笑っているのだといっても聞き入れない。「だって高校のときのクラスの女の子が、態度でハッキリ示したもの」と執拗に迫る。どうしても僕に自分の顔の醜さを認めさせようと執拗なまでにくいさがる。

この彼の場合とて、他人の態度に敏感であるが、他人への思いやりなどない。彼の関心はもっぱら他人の態度を鏡として、そこに映る自分の顔なのである。

「他人なんか、どう思ったってかまわない」ということは、自分のイメージを他人を契機として構成してはいけない、ということである。他人が自分の劣等性を映しだす単なる鏡になってしまっている。それがいけない、というのが「他人なんか、どう思ったってかまわない」ということである。自分への執着が強すぎるのである。したがって我執が強ければ強いほど、他人のまなざしが気になるのである。

我執を去れ

次に、ある作文を示そう。

〈たとえば、親の期待が大きすぎて、その負担が重くのしかかり、精神的にマイッてしまう場合がある。自分を含めた環境のなかで、自分だけでシラケていて、他人と接触してみても、その気になっても、心ではどうもうちとけることができず、ただ孤独感でいっぱいになっているのである。

また、悪い意味での going my way の精神を持っているタイプが今の若い人には多い。

世の中がおもしろくなくて、やけを起こし、とかく自己中心であるから、他人の眼が非常に冷たい。その視線を気にしだすと、さらに気が立ち、どうしようもしようがなくなる。自分中心に行動しているのだから、他人の視線などは気にしないと思われるはずなのに、実際はそうではないのはなぜだろうか。

表面上は、実にアッケラカンとしているが、内心では、元の自分に戻りたいとしきりに望んでいるが、一度そういう自分を形成すると、立ち直ろうと思っても、なかなか立ち戻れない〉

この人がまさにいっているとおりなのである。「自己中心に行動しているのだから、他人の視線など気にしないと思われるはずなのに、実際はそうでないのはなぜだろうか?」

人間は自分に執着するから、他人の視線が気になるのである。

他人がどう思おうとかまわない、他人がどういおうとかまわない、ということは「我執を去れ」ということである。自我防衛をやめろということである。

他人が自分をどう思おうとかまわないということは、決して〝やさしい心〟を否定しているのではない。逆に、思いやり、やさしさ、いたわりをたいせつにしよう、といっていることなのである。

それは我執を去ったところに、思いやりやいたわりの心が出てくるからである。

我執の強い人は、思いやりも、いたわりも、物のあわれも知らない人である。

自己実現のために何が必要か

「月はあれど留守のようなり須磨の夏」という句がある。須磨は秋の趣《おもむき》がすぐれているということであろう。しかしこの夏と秋の違いは何なのだろう。同じに月は出ている。それなのに何か物足りない。

秋の趣を感じていればこそ、須磨の夏の物足りなさを感じるのである。しかし、だからといって手にとって、「ハイ、秋にはこれがありますが、夏にはこれがありません」と対照的にとらえられるものではない。

我執の強い人には、このような秋の趣がわからない、ということである。

他人が自分をどう思っているか気になって仕方がない、他人のいう悪口が気になって仕方がないという人は、傷ついた自尊心の回復をめざして努力するよりも、もののあわれを知る人になろう、思いやりのある気持ちを持とうとすることである。それが「気にならなくなる」早道である。

気にすまい、気にすまい、と思って一人で部屋にいれば、いよいよ気になってくる。それよりも絵の展覧会に行くことであろう。絵や歌を鑑賞することのほうが、やさしい心をつくる。

「くたびれて宿かる頃や藤の花」という芭蕉の句がある。旅愁と紫のおぼつかない印象がぴったりと、解説にはある。僕もそのとおりのような気がする。「くたびれて宿かる頃やまっ赤な牡丹」ではどうしようもない。景色と心情が一致して、このような歌が生まれたのだろう。

僕の友人の料理人は、ゴボウを料理するときにじっとゴボウを見ていると、ゴボウの声が聞こえてくる、といった。ゴボウを見て、料理人とゴボウの心情とが一致して料理ができてくるのと、先の芭蕉の句が生まれるプロセスは同じである。ゴボウの素材としての味をたいせつにする、それがゴボウの声を聞くことである。

自己実現するとか、自己表現するとかいうためには、まず何よりも現実に接し、その何かと自分の心情とが一致することが必要である。我執が強いとは、この一致すべき対象がなくて自分しかないということであろう。

自己実現、自己実現と口でいっているよりも、まず街に出る。山に登る、本を読む、人と会う、レコードを聞く、そのようなことが必要なのであろう。

山に触れて自分の心は高揚し、友に触れて自分の心は動く、まず〝触れる〟ことである。

マラソン選手が「せりあっていると、燃えてくる」と、まるでコマーシャルのようなことをいっているのを聞いたことがある。

燃えてきてから、せりあうのではない。せりあうというかたちで、他人に〝触れる〟ことで、心は燃えてくるのである。

依存心が克服できると生き方はこう変わる

自己抑圧からの解放、その二つの効用

自分の好きなことを持つ

依存心を克服できるとどうなるか。

まず抑圧がとれるから、自分が何が好きかがわかるようになる。依存心を克服できると、自分の好きなことができるようになる。

よく山の好きな人間に悪い人はいないという。また、ある人は、犬の好きな人間に悪い人はいないという。また、別の人は、花を愛する人に悪い人はいないという。それぞれいくつもこうしたいい方はある。最近は釣りブームであるが、釣りの好きな人に悪い人はいない、ということをいっている人に、この間会った。

これらのことは、まとめていえば、要するに何か好きなことを持っている人に悪い人はいない、ということになろう。

登山というスポーツは男性的だという人もいる。そこで男性的であるということで登山する男は山が好きとはいえない。

山男という男のイメージが、まさに男性的であるがゆえに、男らしさに内面的に強迫されている人間が山に登ったとしても、それは山が好きだから山に登ったのではなく、男性的であるべく内面から強迫されて山に登ったのである。

その登山は自分にピッタリした行為ではない。ある男性が男らしくあるという性の役割からの要求で、男らしさへの強迫が内面にあって無理して男らしくふるまっているのは、やはり自分にピッタリしないふるまいであろう。

自分にピッタリした行為とは、男らしいから山に登るのではなく、山に登りたいから山に登る行為である。そうして山を登る一歩一歩のなかに、その人は自己を獲得していく。だからこそ山を登っているとき、気持ちが落ち着いて、これでいいのだという安心感を味わうのであろう。

逆に自分にピッタリしない行為にあっては、常に安らぎがなく、何をやっても、そのやっている最中にこれでいいという安心感がない。山に登るのも山に登りたくて登るのではなく、山男という男性的イメージにあこがれて登るのであるから、登山という行為のなかに自己充実感がない。

つまり、〇〇を好きな人に悪い人はいない、といういい方をまとめてみれば、自分にピッタリしている行動をとっている人に悪い人はいない、ということなのである。山が好きで山に登る人、犬が好きで犬を飼う人、花が好きで花を咲かす人はみな自分にピッタリした行為をおこない得る人である。

あなたはなぜ山に登るのか？　といわれて、そこに山があるからだと答えた人は、山が好きな人であることは明らかであろう。

自分が好きなことを持つということが、人間として立派になる道である。

たいせつなのは燃えること

それはもう十五年以上も前の、南ドイツの晴れわたった夏の日だった。ミュンヘンからオーストリアへ向かうアウトバーンの入口は若者がいっぱいだった。そこからは、アルプスの町インスブルックへ、あるいはザルツブルクへ、あるいはウイーンへと、アウトバーンはつながっている。

僕はそこで、上半身裸になって芝生に寝そべっていた。僕もそこから、アルプスの町クーフシュタインか、インスブルックへ行こうと思っていたのだ。オーストリアの山を歩きたかった。

山の好きな僕にとっては、チロルはあこがれの地であった。浪人時代から緑色のチロルハットをかぶり、そのチロルハットは、僕とともに北海道の芦別岳《あしべつだけ》から沖縄の西表島《いりおもてじま》までついて歩いたのだ。それほどまでにあこがれたチロル地方を目前にして、僕は少々興奮していた。

アウトバーンの入口に集まる若者は、みなヒッチハイカーだ。

僕はのんびりとヒッチハイクの順番を待っていた。というのは、ヒッチハイクというのは、だいたいやる場所は決まっている。つまり、アウトバーンの入口か出口なのである。それ以外のところではほとんど車は止まってくれないし、こっちの行く方向と車の行く方向とが、なかなか一致しない。

僕は、そのなかの一人の若者と話しはじめた。オランダからヒッチハイクをしてきた若者である。彼はアフリカに行きたがっていた。アフリカに着くまではヒッチで行ける。ドイツからフランス、スペインをとおって、ジブラルタル経由でアフリカへ行く。しかしヒッチハイクではアフリカの縦断はできない。彼はアフリカのサハラ砂漠を、ジープのハンドルをにぎって横断するのだといった。

ハンドルをにぎる手は血だらけになるだろう。しかし彼は燃えていた。そして彼は自由だった。

僕は彼に聞いた。

「人間にとって最もたいせつなことは何か、人間にとって最も本質的なことは何か？」

彼は即座に答えた。

「燃えることサ」

サハラ砂漠というところは、どういうところだか僕は知らない。しかし、とにかく彼は一つの目的を持っていた。その目的が正しいか正しくないかは別として、彼は自分のやりたいことを持っている。

人生を耐えぬくただ一つの道は、常に、なしとげるべき課題を持つことだ。なしとげるべき課題を持たないとき、空虚な暇つぶししか残っていない。そして、なしとげるべき課題を持たないで時を過ごしたあとには、あと味の悪い後悔しか残っていない。そんな人は、何かたいせつなものを忘れたような気持ちがして、過去をふり返ることになろう。

なしとげるべき課題を持っている人間から見れば、それを持っていない人間は奴隷である。真に生きるのではなく、燃えるのでもなく、ただ動物的に生きるのにアクセクしているのが、奴隷でなくていったい何なのだろう。

なしとげるべき課題を見つける

これも十年も前の話である。ヨーロッパにいたとき、もう一人の青年に会った。僕はザルツブルクを発って、猛スピードで車を走らせて、ミュンヘンに向かっていた。そしてザルツブルクの出口のところで、一人の青年を車に乗せた。その前は、僕自身がヒッチしていたが、その日はベンツを運転していたのだ。

僕は彼が車に乗ったとたんに、「ヨーロッパ旅行はたいへんか?」と聞いたら、「たいへんやさしい」といった。「どこから来たのか?」「アメリカからだ」「きょうはあそこで何時間ぐらい手を上げていたのか?」「十時間だ、少し疲れた」

僕は、まったく感心してしまった。僕は以前、彼がヒッチをしていたそのザルツブルクの出口で、同じようにヒッチをしたことがあったのだ。そして一時間で疲れた。彼は炎天かで手を上げ続けて十時間、朝からやり続けて、もう暗くなっていた。

彼は十六歳だった。アメリカの高校生だ。彼は六月にアメリカを発って、日本、台湾、フィリピンまで来たが、どうしてもヨーロッパに行く船をつかまえることができず、再びアメリカまわりでヨーロッパに入った。そして、今はもう八月。さまよい続けた彼。十六歳。たった一人でことばの通じない国をさまよう彼の眼は、まったく澄み切っていた。

僕は、そのかわいい十六歳の青年にまいっていた。

「今度のヨーロッパ旅行の目的は？」

「もっとヨーロッパを知り政治家になるためだ」

やはり、なしとげるべき課題を持った若者は強かった。

依存心を克服することで好きなことをやりはじめられる。あるいは、好きなことをやるなかで依存心を克服していくようになれる。そうしたなかで、われわれは自分が生涯をかけてなしとげていくべき課題を見つけることができる。

人生が楽しくてたまらない青年たち

依存心を克服できると、第二に生きることが楽しくてたまらなくなる。

ハーバード大学の研究員としてアメリカに二年間滞在していたとき、夏期講習に、ジョンというマイアミの学生が来ていた。マイアミ大学の学生であるが、夏の間、ハーバード大学の単位を取って、その単位を自分のマイアミ大学に移すためである。

彼は非常に快活な学生で、クラスの人気者であった。彼は、「若者社会学」という講義を受けていたのであるが、それを教えていたピッツ教授は彼が出席していないと、「まだジョンが来ていない」といって、講義をはじめなかったくらいである。

いつもニコニコと笑い、人生が何か楽しくて楽しくてたまらない、といった様子であった。授業中はよく質問をしたり、自分の意見を述べたりして、教授が授業をやっているのか、それとも彼が授業の中心であるのか、わからないくらい愉快な学生であった。

彼はときどき、僕のところに来ては、日本の若者のことを尋ねたり、日本のことばを覚えようと、たどたどしく「シャカイガク」だの「ワセダダイガク」だのといっていた。

ある日、そのジョンがマイアミに遊びに来いというので、マイアミの家へ出かけていった。父親はいなかった。彼の母親はいろいろな話をはじめたが、日本であったなら多少は話題になりそうな複雑な家庭であった。ところが、そのことを母親は隠しもしないし、ジョンも隠さない。それは一つの単なる話題として語られていた。ジョンは、マイアミの大学を終えたら、ハーバードの大学院に進んで、法律を勉強するといっていた。

彼は家庭が複雑であっても、まったくそれを意に介しないかのように、好きな法律の勉強に励んでいたのである。きっと彼は、好きな勉強があったからこそ、何の屈託もなく素直に育ったのだろう。

実際、彼はたいへんな勉強家であった。しかし彼は、僕らの高校時代の勉強家が持つような雰囲気は持ってはいなかった。それは、彼が好きなことをやっているからだろう。彼を見たら、日本の高校生がかわいそうに思われた。

僕はジョンと別れて、マイアミから一気にカナダのカルガリーへ飛んだ。カルガリーでレンタカーを借りて、バンフへ行き、バンフで二泊したのち、バンクーバーに向けて車を走らせた。途中の道路には、ヒッチハイクする若者がたくさんいた。

犬をつれてヒッチハイクをしている人、ギターをかかえてヒッチハイクをしている人、またアベックでヒッチハイクをしている人など、さまざまな光景であった。

僕は、そのなかの一人を乗せた。彼は、英語学を勉強しているといった。大学を出てからは、材木工場で働いたり、馬や牛の世話をしたり、とにかく肉体労働をやり、その間中、自分の気持ちは澄み切っていた、と語っていた。

彼は詩人になりたい、というのである。そして来年からは、また大学院に行って詩の勉強するのだそうだ。

詩人になりたいと父親にいったとき、詩はお金にならないがいいだろう、と父親は許してくれたという。そして彼は、自分自身をさらに見つめるために、今旅をしているのだ、といった。彼もまた実によく勉強をしていた。

宗教のことを少し聞いてみると、実によく勉強していることがわかった。ヒンズー教から禅に至るまで、西洋人でありながら、かなりくわしい知識を持っていた。勉強したのかと聞いたら、よく勉強した、と答えていた。しかしダンというこの青年にも、いかにも〝努力家〟という雰囲気はなかった。それは彼もまた、法律とは正反対であるが、詩という自分の好きなことをやっているからだろう。

お金になろうがなるまいが、自分の好きなことをやり、お金がなくなれば、肉体労働でお金をつくるのである。

マイアミの青年といい、このカナダの青年といい、努力はしているのだが、いわゆる〝努力家〟というような、必死の様相がないのである。いかにも軽やかに楽しげに暮らしている明るい生活態度なのである。

自分のユニークさに沿った努力を

ところが日本の社会では、内容と切り離されて、努力することとか、耐え忍ぶことが尊いこととされる場合がある。つまり、努力や忍耐は、内容と切り離されて価値がある場合がある。

しかし残念ながら、この考え方は非常にゆがんだ考え方といわざるを得ないだろう。

それぞれの人間には、いろいろな性格や能力があり、また向き不向きもある。その人間の向き不向きを無視して、努力することが尊いとか、耐えることが尊いとかいうのは、素直な人生の見方ではないような気がする。それは人生を肯定している態度ではなく、何か否定している態度である。

それぞれの人間は、それぞれ異なったユニークな力を持っているし、そのみずからの持っているユニークな力を発揮していくことが、人間の成長であろう。

なぜこんなことをいい出したかというと、自分のユニークさに沿った努力をしない人間というのは、やがてノイローゼになる危険さえあるからである。

なぜなら彼の一番奥深いところでは、意識的にしろ、無意識的にしろ、常に、反抗的な姿勢があるに違いないからである。彼は、自分のなしとげたことが低レベルであるから、自分自身をたえず責めなければならないし、それは不満につながる。そしてその人は生涯にわたって、自己嫌悪におちいらねばならないだろう。

自分自身の向き不向きとか、能力の種類とか、生き方とか、性格とかを無視して、やたらに努力することが尊いとか、耐え忍ぶことが尊い、といったものの見方をしていると、自分に自信を失ってしまう。

人間は、自分にできることを最もよくおこなっているときこそ、最も素晴らしいのである。反対に、自分に向いていないことをやっているときの人間というのは、非常におろかな人間であり、自分の力を浪費しているのである。そのような態度はわれわれの成長にとって、大きな障害となっているといわざるを得ないだろう。

大学の理工学部が就職にいいから、といって理工学部に入ってきてノイローゼになる人がたくさんいる。むしろその人は、理工学部でノイローゼになったからいいようなものの、それをヘンに頑張って、理工学部を卒業し、理工系の分野に就職してから、ノイローゼになったら、なお悲劇である。

彼はいったいそれまでに、何をしてきたのであろうか？　それまでの年月、彼は自分の深いところで、たえず反抗的な何かを感じながら、不快な人生をおくってきただけなのだ。

依存心が克服できると、ジョンのように、生きるのが楽しくてたまらないというようになるが、依存心が強いとノイローゼになるのである。

第V章

不安を断って安心感をつかむ

依存心という“鎖”をどう切り離すか

今までの人間関係を変えてみる

依存心を克服するためにまずなすべきこと

まわりに依存心の強い人がいたか——第一の自己点検《チェック》

こうなってくると、最もたいせつなことは、それでは依存心を克服するためにはどのようにすればよいかということである。

まず第一に、自分は依存心が強いのだということを自覚しなければならない。これまで書いてきたことでわかるように、自分が他人の眼を非常に気にする人間であるならば、依存心が強いと自覚しなければならないであろう。

そして、その依存心を克服するためには、どうして自分がそんなに依存心が強くなってしまったかという原因を探ることからはじめなければならない。

自分の依存心が強い場合には、強くなるような、それなりの理由というのがやはりあるはずである。

依存心が強いとき、考えなければならないのは、自分の周囲の人が依存心が強い可能性があるということである。自分の依存心が強いなら、自分の周囲の人すべてが依存心を克服しているというようなことはまずないということである。

自分が依存心が強い場合には、必ず自分の周囲に誰か依存心の強い人がいるはずである。

依存心は一人歩きできないから、自分の周囲に誰か強烈に依存心の強い人を求める。自分は、そのように依存心の強い人と結びつきながら人生を生きてきたかということを考えるということがたいせつである。まず、そのことを点検することである。

まず第一に考えられるのは、親との関係であり、友だちとの関係であり、先輩との関係であり、先生との関係である。

いずれにしろ、自分の周囲に誰か依存心の強い人がいて、自分自身がその人と強烈に結びついているということである。周囲の人すべてが自立心に富んでいるならば、自分一人が依存心が強いということはあり得ない。

今まで、自分がどのような人たちにかわいがられてきたか、どのような人たちを尊敬してきたか、どのような人たちとつきあってきたか、それを点検しなければならない。

自分の親が依存心が強い場合、その親と結びついている子どもは、自立心が目覚めるわけがない。

依存心は伝染するものである。したがって、依存心の強い親がいて、その親と分離しないで仲良く育ってきたとしたら、自然に子どもの側も依存心が強くなる。

依存心の強い親は、子どもが自分に対して従順であることを求める。依存心の強い親が至高の価値とするものは従順である。

したがって、あなたがあなたの親に従順であるとき、あなたの親はあなたを素晴らしい子どもと評価する。そして、その親子の関係こそが、あなたの依存心を強め、あなたの自立心の芽をつみとってきたのである。

自己愛的な親と結びつく子どもは、いつになっても自分の精神的歪みを是正できず、その歪みを慢性化してしまう。独占欲の強い親と強いられて結合を続ける人は不安から逃れることはできない。その結合がいつになっても本人の精神的成長を許さないからである。

“変化”を恐れる心理

人間は変わる権利がある。このことは実にたいせつなことである。

世の親はたいてい自分の子どもが社会的に成長していくことを喜ぶ。なかには自分の子どもの社会的出世だけが生きがいになる親さえもいる。しかし、自分の子どもの精神的成長を喜べる親は実に少ない。

子どもは変わるのである。小さいころ親を必要としていたようには、大きくなって親を必要とはしない。それが正常な成長なのである。

小さいころの親と子の結びつきは、弱さからの結びつきである。しかし成長してからの結びつきは、強さからの結びつきに変化しなければならない。弱さからの結びつきとは、一人でいるのがさびしいから、頼りないから、お互いによりかかりあって生きていくことである。強さからの結びつきは一人でも生きていかれるが、より人生を充実するために結びつくことである。

ところが親が情緒的に未成熟なときは、その子どもの変化を認められない。そして「昔はあいつも良い子だったが」と嘆いたりする。

あるいは「どうせ子どもは自分から離れていくのだから」とはじめから子どもに精神的にコミットしていかない親もいる。絶望がこわいから希望を持たないというのは弱い精神である。たえず何かを恐れている精神である。

そしてそういう弱い人々に囲まれた子どもは、自分が変わることを恐れる。自分が変わることで周囲の期待を裏切るからである。

自分が変わっていくのが何か悪いことでもあるかのように感じる。これは親子関係ばかりではない。仲間との関係でも同じである。自分が変わっていくとき、何か仲間を裏切っていくようにさえ感じる。ことに弱さで結びついている仲間同士にあってはそうである。

しかし人間は変わる権利がある。この権利の自覚は、弱い精神に囲まれている人間にはたいせつである。

変わる権利があるという確信のないものが、他人の反応を恐れる。

人間は一つ一つ自分の殻を破っていく以外に成長していきようがない。いつまでも一つの殻のなかに閉じこもっている人間はいつも不愉快そうな顔をしている。自分の殻が自分に適さなくなったとき、その殻を破る勇気のない人は、いつも重苦しい生を生きるより仕方がないのである。

相互に依存しあう関係

ところで、依存心の強い人は必ず、何らかの形で依存心の強い人と結びつこうとする。

依存心の強い親は、自分の子どものなかに育ってくる自立心には、何一つ気づこうとしない。一年前と現在と、同じような二人の関係を保とうとする。そして、二人の関係は表面上は信頼にもとづいているかのように見える。しかしこの関係こそが、あなたのなかに育ってくる自立心を絞め殺すものなのである。そして、この関係こそが、生きることをつらいものにしてしまったものなのである。

依存心の強い人は、依存心の強い人と結びつき、自立心の強い人は、自立心のある人と人間関係をとり結んでいく。しかし、この自立心のある人間同士の結びつきと、依存心の強い人同士の結びつきとは、基本的に異なる。

依存心の強い人同士の結びつきは、きわめて閉鎖的である。そして、その閉鎖的関係のなかで他人を冷笑し、他人を拒否し、自分たちの存在を確認しようとする。他人の行動を、うす笑いを浮かべながら馬鹿にすることによって、自分たちの優越性を感じようとするのである。

他人が、小さな会社に入って一生懸命働いているのを見て、たとえば「あんな小さな会社に入って夢中で働いているよ、愚かだねえ」といってみたり、「あんなちっぽけな会社の社長を〝社長〟〝社長〟なんていって尊敬しているよ。驚いたねえ。おれははじめ冗談でいっているのかと思ったら、本気でいっているんだよ、どういうことがえらいことか、わかんなくなっちゃうんだねえ」というような表現をする。

小さな会社に入社し、せいいっぱい働くということは、素晴らしいことなのであるが、そういう行為をあざ笑い、そのことによって自分はもっともっと大きな人間であるということを確認しようとする。

その確認しようとするとき、一人では不安だから、もう一人依存心の強い人間と結びつきながら、お互いに他人をあざ笑うのである。

あるいは、大企業のなかで、せいいっぱいやっている人間を見ては、「大企業のなかなんかで働くのは虚栄心だけだ。虚栄心のために、自分の人生をめちゃめちゃにしながら生きている。かわいそうだねえ」というようなことをいってはあざ笑うのである。

そのように、他人を冷笑したり、拒否したりすることによって、自分たちの存在をお互いに確認しようとするのである。

依存心が強いということは、相互に依存しあうということである。依存心が強いがゆえに欲求不満となっている親は、子どもといっしょに他人を馬鹿にして、そのなかで自分の存在を確認しようとする。他人に対して無頓着であることがどうしてもできない。

他人が出世すれば、それをけなさざるを得ないし、他人が家を建てれば、そのこともまたけなさざるを得ない。他人の行動に対して、無頓着であることができない。そこで、他人を拒否したり、冷笑したりするのである。

誰と相互に依存しているか——第二の自己点検《チェック》

そして忘れてならないことは、そのような他人を非難することのなかで、彼らが〝独特の良心的態度〟を表現することである。

自分たちの持っている心の葛藤を隠そうとすることによって、そこに独特の態度が出てきてしまう。ふつうの人は、その独特の態度に何か違和感を持つものである。

日常生活のなかで自分たちの良心を表現できないので、〝独特の良心的態度〟になってしまうのである。つまり仲間の出世を、〝卑しい人間の卑しい行為〟と解釈して、自分たちは、その卑しい行為をしていないと主張する。「他人を押しのけて、よくあんなことができるね」と非難して自分たちの良心を主張する。

心の葛藤に耐える方法が、〝独特の良心的態度〟なのである。

「社長っていうのはひどいことが平気でできないとなれないんだ」というように、他人の良心の不在を非難しながら自分の良心を主張する。つまり自分の心はあたたかいということである。自分は良心的であり、自分の行為は常に立派である。

さて、依存心が強いと自覚したものは、自分がいったい誰と相互に依存しているかをつきとめなければならない。

自分より年下の人間に対して自分が依存していることもあるし、自分の子どもに自分が依存しているということもあるし、また自分の親に自分が依存しているということもある。

そして、この依存心は他人へ伝染しやすい。自分が今まで、いったい誰と相互に依存しながら、依存心をたいせつにし、そして、最もたいせつな生きることへの信頼感を抹殺してきたかを考えることが必要なのである。

自立心を育てるためには、どうしても、この今まで相互に依存していた人から離れていかなければならない。

その人のそばにいて、その人と接触し、その人と理想を共有している限り、依存心を克服することは不可能である。依存心で結びついた人間は、そのことを自覚することなしには、依存心の克服があり得ないということである。

自分が子どもとして育つころ、自分の周囲にいた人々は依存心の強い人であったか、それとも自立心の強い人であったかということは、自分の性格に大きな影響を与えている。

物質的に豊かであったか、物質的に貧しかったかということよりも、はるかに大きな問題なのである。

物質的に苦労があったとしても、親が生きることを愛し、子どものなかに育つ新しい傾向に気づき、変化を喜び、感動を忘れないような人間であれば、その子どももまた、依存心を克服し、自立していくに違いない。

しかし、どんなに物質的に豊かな環境のなかで育っても、親が依存心が強く、甘えの気持ちを脱し切れていないときには、子どもを支配しようとする。子どもに甘えながら、なおかつ子どもを支配しようとするのである。

そして、子どもが、少しでも親の意に反することをやるときには、たいへん不機嫌になる。それは、親の甘えの気持ちが子どもの行動によって傷ついたからである。

依存心が強ければ強いほど、甘えていれば甘えているほど、人間というのは傷つきやすいのである。

今までの人間関係を変えてみる

依存心を克服するかたちで他人と関係していこうとしない人、つまり、依存心を持ったまま傷つくまいとする人は、他人との関係をいっさい断ち切る方向に行くようになる。つまり、人間関係が希薄になっていく人である。

依存心が強いから、他人の言動によってすぐに傷つく。依存心が強いから、他人が自分の甘えを満足してくれることを求める。

ところが、他人はそのように動いてくれない。そこで、自分が傷つく。そのような繰返しのなかで、他人と接することを避けるようになる。

孤独であって、依存心の強い人というのは多い。人間関係が豊かな人は、他人と接することによって自分が傷ついたりはしない。依存心の強い人が、他人のことばに反応するのである。

自立心の強い人は、他人と接することに喜びを見出し、他人との関係を広げていく。したがって、依存心を克服するためには、自分が依存心が強いということを自覚し、そして、いったい誰と相互に依存心を助長しあいながら生きてきたかということを見きわめることである。そして、お互いに依存心を持って結びつきあってきた人から離れることである。

親の甘えの対象にされてきた子どもは、とにかくその親から逃れるということである。その脱出は、血みどろの場合があろう。

親は、子どものなかに育ってきた新しい傾向や、自立への欲求を見て、「昔は良い子であったが、最近は悪い子になった」という解釈をするし、「昔は気持ちのあたたかい子であったが、最近は冷たい子になった」と解釈する。そして、まだ依存心が残っているときは、自分の親からそのように解釈されることがつらい場合が多いであろう。

しかし、いずれにしても、甘えの対象として翻弄《ほんろう》されてきた以上、そこから脱け出すことが第一である。あるいは、友だちとの関係で、相互に依存を助長しあった人もいるだろう。

奇妙な特殊な雰囲気というものをつくりだして、その関係だけをたいせつにしながら生きてきた人は、今こそその関係を断ち切ることである。そして、今までつきあってきた人たちと価値観を異にする人たちのなかに自分を投げ込んでいくことである。

そういう意味で、自立心を養い、依存心を克服するためには、今までの人間関係を変更することである。今までと違った価値観を持つ人とつきあいだすことである。今までと行動様式の違う人たちとつきあいはじめるということである。

今まで座して、他人を冷笑する人たちとつきあってきた人たちは、とにかく他人を冷笑しない人と友だちになることである。

今まで行動的でない人たちとつきあってきた人たちは、行動的な人とつきあいはじめることである。

今まで生きる喜びを語りあわない人たちとつきあってきた人は、生きる喜びを語りあう人とつきあうことである。

今まで世俗的なことを冷笑したり、拒否したりする人とつきあってきた人は、世俗のなかで泥まみれになって頑張っている人とつきあうことである。

今まで何かにつけて他人を冷笑することで自己の存在証明を得てきた人とつきあってきた人は、真剣にものごとを考える人とつきあいはじめることである。

今まで勉強ができることが至上の価値と思っている人たちとつきあってきた人は、勉強以外にもたいせつな価値があると信じている人たちとつきあいはじめることである。

今まで趣味のない人々の間にいた人は、趣味に専念したりする人といっしょになってみることである。

今まで世の中の人はみなずるい人だという前提で動いている人たちとつきあってきた人は、世の中には立派な人もたくさんいるという前提で動いている人たちとつきあいはじめることである。

自立への一歩を踏みだすために

確かに子どものころ、依存心の強い人々に囲まれて育ったことの影響は大きいが、おとなになってからでも、それがなおせないというわけではない。おとなになってからでも、自分が育ったとき周囲にいた人たちと違った人たちのなかに身を置いていけば、自分もまた依存心を克服していくことができるはずである。

自分の性格はつくられたものである以上、またつくり変えることもできるのである。

確かに幼児期に、周囲の人たちのあたたかい愛情に触れることはたいせつである。しかし、おとなになってからでも、あたたかい愛情を持った人の間に身を投じることがたいせつなのである。

今まで相互に依存しあったなかで、自分のなかで発展することを抑えつけられていた自分の新しい傾向を自由にのばしていくことが、そのような新しい環境のなかではできるはずである。

新しい環境のなかに身を置いて、自分のなかで抑圧されていた自分自身の新しい生への傾向を、はぐくんでいくこと、それが、自立心を高める道である。

このことが、先に書いた「大学院で生きることに行きづまった人は市会議員の選挙で走りまわっている人とつきあえ」ということである。

とにかく今までの人間関係以外の人間関係をつくることである。

そのとき、今まで自分がいかに画一的に他人を理解してきたかということに気がつくに違いない。自分の価値観の柔軟性のなさに気づきはじめたら、もう自立への確かな一歩が踏みだされていることである。

今までの歪んだ行動と歪んだ認識の仕方を共有しているグループからあなたが学んだものは人生の無意味さである。

他人と自分の間に境界を確立せず、自分の感情をそのまま他人の感情として区別しないようなことを、あたかも〝あたたかい関係〟であるかのごとく主張していたグループから、それぞれの感情の自律性を相互に認めあうグループに移ることである。

息子を分裂症患者にしてしまったある父親は、「おれは自分とみんなをまったく同じに考えているよ」といっていた。そのことの本質は自分の自己中心的な感情の動きを、そのまま子どもの感情の動きと区別しないということである。つまり子どもの人格を百パーセント無視しているのであるが、本人は、自分たちの家族は〝あたたかい心の家庭〟と思っている。

歪んだグループは敵意を隠している。だから、主張することが独特の立派なことになってしまうのである。絶望を伝えるグループから希望を伝えるグループに籍を置き換えない限り、あなたは、いつまでも針の上にいるような気持ちから脱け出ることはできない。

あなたを拘束する〝いつわりの世界〟

今まで、あなたは〝いつわりの世界〟にいたのである。たとえば、あなたは〝おだてられる〟ことはあっても、本当にほめられたことはなかったのではないか。

あなたのまわりには、ものわかりのいい印象を他人に与える人がいた。しかし、その人たちは内では支配的で干渉的ではなかったか。他人にものわかりのいいような顔をしながら、内では物事を自分の都合のいいように歪曲することが多かったのではないか。しかも、ときにはその歪曲することを、あたかも独創的であるかのごとく解釈していたのではないか。依存心に苦しめられているあなたは、単に状況を歪曲することと独創性とを勘違いしていたのではなかったか。あなたのまわりには独創的な人などいなくて、自分の虚栄心を維持するために状況を歪曲する人ばかりいるのではないか。この世の中に言い訳することを独創的と解釈している人がいる。

あなたは実は愛されたことなどないのではないか。彼らは単にあなたを自分の延長と見なしていただけなのではないか。あなたは彼らの幻想の一体感の犠牲になり、引きずりまわされていただけなのではないか。だから愛情を口にしながらも、世間的な基準をあなたに押しつけてきた。彼らは一見友好的に見えるが、隠された敵意を持ち続けているにすぎないのではなかろうか。

あなたの家庭は周囲と一見協調的に見えるが、体面を重んじて実は周囲の人々との競争心が強いのではないか。愛想のよさの裏には他人に馬鹿にされまいという警戒心が強く働いていることはなかったか。

父親の家庭をたいせつにするということばの裏にあるのは、父親が単に男として自信喪失しているというだけのことではないのか。だからこそ、外に出ればオズオズとしているくせに妻子の前でいばりちらして、〝立派である〟という賞賛を常に要求する。

あなたが依存心が強いのは、この父親の自己中心的要求に屈し続けてきたからではないのか。

実はあなたも意識下では、親への不信感を持っている。しかし、とにかく表面的には親への不信を抑圧しつつ親に依存している。だから真の安心感にはほど遠く、常に他人の拒否を恐れているのではないか。他人から嫌われるのがこわくて必要以上に他人に奉仕してしまうのも、この親への不信感を抑圧して自分が分裂しているからである。他人の評価に敏感なのも、この抑圧のせいであろう。

今なすべきこと

まず自分にハッキリといいきかせる。自分は他から望まれ期待されている人間にならなくても生きていかれる、と。

そして実は、愛情のある人々はそれほど自分にいろいろのことを期待しているわけではない。自分が自分らしく生きてさえいれば、受け入れてくれる人はいくらでもいる。それなのに、あなたはそのような人々をかえって避けて生きてきたからこそ、劣等感に苦しみ、心の底では失意の人生をおくることになったのである。

あなたの劣等感は周囲の人々のあなたへの期待と、現実のあなたとの不一致から出てきている。それはあなたが周囲の人々に依存し、周囲が自己愛的狭量であなたを扱うからである。

あなたは愛情や敬意を求めている。しかし求める場所がまったく間違っていた。あなたを愛し、あなたを尊敬する人々がいるのに、あなたはかえってその人々をあなたの世界から排除した。

そしてあなたの真の要求を理解できぬ鈍感な人々にそれを求めた。あなたがそれを求めた人々は、もともと他人の感情を理解する能力のない人々だったのである。あなたは欺瞞の愛が支配する世界を、この世の唯一の世界と勘違いしている。だからこそ欲求不満で、安心感を喪失しているのである。

あなたは愛への絶望的な叫びをあげている。しかし、あなたに満足を与えてくれる愛情ある人人をあなたの世界から締めだしたのはあなた自身なのである。

「あいつらはクダらないよ」といって〝あいつら〟を自分の世界から締めだしたのは、ほかならぬあなたではなかったのか。

無力感と失意と怒りと不安に悩むあなたに必要なのは、あなたが軽蔑して締めだした人々と真の和解をすることなのである。その和解が成立したとき、あなたは自分で自分を処罰することもなくなるであろう。

この節でいいたいことは、つまり二つ。

自分の強度の依存心を認めることと、今現在、自分をとり囲む世界の虚偽性を認めることである。

劣等感や罪悪感、圧迫感や空虚感から逃れて、生きていることに高揚した爽快感と安心感を味わうためには、どうしてもこの二つはやらなければならない。

自分を見る見方をちょっと変えてみる

不機嫌を断ち切り、生の充実感を味わうには

相手を〝自分の一部分〟と見る

依存心の強い人同士の結びつきのなかでは、お互いに同じ価値観を持たなければならない。そうでなければ、みんなはひどく不機嫌になったりする。

あなたに依存し、また逆にあなたが依存していたその人は、あなたが自分と違った価値観を持ったときには、ものすごく不機嫌になるはずである。しかし、自立心を持っている人たちのなかに入ったとき、そのような重苦しさがまったくないことに気づくに違いない。

あなたが相手と違った価値観を持ったからといって、相手は決して不機嫌になったりはしない。それは、相手が依存心を持たないがゆえに、あなたの価値観によって傷つくことがないからである。

しかし、今までの依存心を持っていた人は、あなたの価値観によってその人自身が傷つ

くから、あなたがその人と違った価値観を持ったときにその人は傷つき、不機嫌になるのである。

したがって、そのグループにいる限り、あなたは同じ価値観を持ち、同じ行動様式をとり、同じ生活様式をとっていなければならなかった。そこには、自分の意見も、自分の生活様式も、自分の行動様式も選択し得ない重苦しい抑圧的な雰囲気があったはずである。

親子関係で説明してみよう。親は子どもを自分の一部分と考えていた。つまり抑圧的な関係においては、相手はこちらを〝自分の一部分〟と考えているということである。

「母なるものの欠けている母親は、子どもを何よりも彼女自身の一部分として愛する」というシュヴィングの言葉が『現代精神医学大系10 A_2』に出ている。名言である。

真の友情に欠けている人は、自分の友人を自分の一部分として愛するのである。相手を自分の一部分とする、だからこそ依存心の関係は抑圧的な雰囲気となるのである。

自分の一部分であればこそ、自分と違う価値観を許さない。

したがって、お互いに表面上、仲がよいのだが、それにもかかわらず、お互いに何らかの抑圧的な重苦しい気持ちを味わっていることになる。

そして、自立心の豊かな人々の社会に身を置いたとき、今までの重い衣を脱ぎ捨てて、軽々とした気持ちになる解放感を味わうに違いない。今までの生活が、いかにうそであったかということを気づくに違いないのである。

相互に依存しあった関係では、きわめてお互いが敏感に反応しあったはずである。他人のことばに敏感に反応したに違いない。お互いに仲がよいのだが、鋭敏に神経を使いつつ、その関係を保っていたに違いない。相手もピリピリしていれば、自分もピリピリしている。それでいながら、相手から離れることはできなかった。

歪んだ関係は百パーセントの忠誠心を要求する。しかし、そのようななかで本人は実は居場所を持っていないのである。そのような何とも奇妙なことが、依存の関係なのである。

甘えの要求は際限なくエスカレートする

依存心を持って甘えている夫を考えてみる。妻から離れていくことはできない。かといって、妻といるときが非常に快適かというと、そういうわけではない。

奥さんが、朝起きてほがらかな声を出していなければ、それだけで急に不機嫌になってきたりする。自分が目が覚めたとき、奥さんと子どもが話をしている会話の調子一つで、気持ちがいらだってくるのである。そして奥さんに向かって、「どうしてお前はいつもそう不機嫌なのだ」などと、自分の不機嫌を棚に上げて、おこりだしたりする。

奥さんに依存しているのだが、依存しながらも、奥さんが自分の思うように動かなければ、いらだつ。そして気持ちが暗い泥沼にひきずり込まれていくようになる。

甘えた人間の甘えの対象を支配しようとする要求は、際限がない。どこまでもエスカレートしていく。したがって、満足をするということがあり得ない。

自立心を持った人間の要求というのは、どこかで限界があり、満足することがあるが、依存心の強い人間の依存の対象への要求はどこまでいってもきりのないものである。

そんなに奥さんにぶつぶつ不平をいうのなら別れればいいのだけれど、決して別れることができない。依存の対象を支配したいという気持ちが満足されないけれども、その人から離れていくことができないのである。

したがって、常に心は葛藤し、いらいらし、他人の言動に不安定で鋭敏なのである。そして、周囲一般に関する関心がまるでなく、自分自身の気持ちだけにしか関心がない。したがって、その依存の対象との間では非常に鋭敏であるが、その他のことについては極端なまでに無関心であり、鋭敏さと鈍感さが本人のなかに共存している。

糸でつられたあやつり人形を考えてみるといい。ぴーんと張った糸と、だらりとたれ下がった糸とがある。そのような雰囲気なのである。

糸でつられて動くあやつり人形が不自然に感じられるように、依存心が克服されないまま、三十歳になり、五十歳になり、八十歳になっていく人間は、バランスのとれた人間から見ると、どこか不自然さがある。

依存の対象とされた奥さんなり、子どもなりは、自分のご主人なり、親なりを明るく快活に、四六時中、ほめそやしていなければならない。

甘えた人間が必要とするものは、エンドレスな賞賛なのである。その賞賛が切れたとたんに不機嫌になり、心はかき乱される。

自分自身に自信のある人は、エンドレスな賞賛を必要としないが、他人の賞賛によって自分が何者であるかということを確認しようとしている人間は、エンドレスな賞賛を必要とする。

〝内面《うちづら》が悪くて外面《そとづら》がいい〟人

依存心の強い人間は、決して自分自身のなかをのぞきこもうとしない。自分自身を見る見方を決して変えることがない。不機嫌になったとき、それは奥さんの朝の食事の作り方が悪いからだと解釈する。先日、テレフォン人生相談に「お茶のいれ方が熱すぎる」といって家出をした夫のことで電話をかけてきた奥さんがいた。自分の敵が何よりも自分であるということに気がつかないのである。自分が自分を見る見方を変えるということは、きわめてたいへんなことである。しかし、自分が自分を見る見方を変えない限り、自分のなかの苦悩は解決しない。

甘えの対象とされてしまった奥さんは、何だか知らないけれども、突然、不機嫌になるご主人をどうすることもできないのである。

ご主人の気持ちは、甘えの対象である奥さんに全面的に依存している。したがって、奥さんの家のなかの立ち居ふるまい一つで、気持ちが重くなったり、軽くなったりする。軽くなるといっても、螢光灯が頼りなくついているという程度の軽さであり、どこかに不安定さが残る。

しかし、いずれにしろ、話しかけ方一つ、お茶の出し方一つで、ご主人の気持ちは泥沼のなかに引きずりこまれていく。そして、「ほかの人といっしょにいると、こんなに暗い気持ちにならないのに、お前といるとすぐに不機嫌にさせられる」などと、文句をいいだす。

〝内面《うちづら》が悪くて外面《そとづら》がいい〟という人がよくいるが、そのような人は、依存心の強い人なのである。内面が悪いのは、内側の人間に心理的に依存しているからである。内側の人間が、その依存心の強い人間の甘えの対象にされてしまったからである。逆に外側の人間には、むしろこちら側からとり入っていくのである。

外側の人間には、心理的に依存する程度が内側の人間より少ないから、その行動一つ一つで、内側の人間ほどすぐに不愉快になったり、いらいらしたりすることはない。したがって、外面はいいが内面が悪いという人間は、かなり致命的な欠陥を背負っていることになる。

奥さんなら、奥さんのドアの閉め方一つで暗い気持ちになったり、いらだったりするのであるが、そういう甘えた人間は、そのことで奥さんを責めるけれども、自分がより幸せになろうとするようなステップを決してとろうとはしない。

「きみのドアの閉め方が悪い。閉めたらいいというものではない。これは気持ちがたいせつなのだ。おれは、気持ちをたいせつにする男だ」などと、自分の幼児的依存心を、人間性が豊かであるかのごとく錯覚したり、解釈したりして他人を責める。そして、その依存の対象となる人間の行動によって、自分がアンハッピーな気持ちになるということで、依存の対象を責めるが、それでは自分をハッピーに感じさせるような努力を具体的にするかというと、決してしない。

たとえばそのとき、散歩に出てみたり、ジョギングをしてみたり、ふと気分転換をして、本を読もうとしたり、かわいい子どもと遊ぼうとしたり、というようなことはしない。

成長の機会を避けようとするから

不機嫌な人間がいったん不機嫌になると、いつまでたっても機嫌が直らない。ドアの閉め方一つ、お茶の出し方一つを、二時間も三時間も、休日ともなれば半日でもぐずぐずいっている。それは、自分が幸せと感じるための努力を決してしない人間であるということをあらわしている。

自分がハッピーに感じるためのどのようなステップをとろうともしないで、じっくりと腰を落ち着けて、相手に文句をいうことだけはよくするのである。そして、その不機嫌な気分が自分を襲ったとき、もはやどうしようもないような無力感に襲われるようである。

依存心の強い人間は、不快な感情にしがみつく傾向がある。

アメリカにいたとき、ある本を読んでいたら、"cling to unpleasant feelings"（不愉快な感情に執着する）ということばが出てきた。どういう経緯のなかで読んだか忘れてしまったが、とにかく不愉快な感情にしがみつくタイプがいるのである。そして、愉快な感情に自分自身をもっていくための行動を、決してとろうとはしないというのである。不機嫌とは、自分に与えられた成長の機会を正面から受け止めることをせず、その機会を避けようとすることから起きる。

われわれは日々、自分が成長していかなければ、機嫌よくは生きていかれない。封建時代ならいざ知らず、民主主義の時代、差別を否定されるべき時代にあっては、環境は日々われわれが成長することを要求してくる。その要求に耐えられず、その機会を逃げようとすることから、不機嫌は生まれてくるのである。

妻は、夫の思いどおりに動くものではない。封建時代であるならば、夫の意志によって動くのが良き妻であった。その意志がどんなに幼稚なものであれ、その感情がどんなに未熟なものであれ、それを助けるのが妻の役目であった。しかし、民主主義の時代はそうではない。

ところが、民主主義の時代になってもなおかつ、自分の幼稚な感情にしたがって周囲が動くことを望む人がいる。いや、ほとんどの人はそう望む。しかし、そのとき環境がそれを許さない。

そんなときに、ある人は、その自分に成長を迫る機会を避けて不機嫌になるし、ある人は、その機会を正面から受けとめて成長し、機嫌よくなるのである。

小さな行動がきっかけになる

ある人は不機嫌にならずに散歩に出る。ジョギングをする、絵を描く、空を見上げる。

実はこの小さな行動がたいせつなのである。いつまでもブツブツと不平をいっている人間は今までの自分を見る見方を変えられないでいるが、このような小さな行動をとる人間は、自分を見る見方をちょっと変えることができる。

不機嫌になる人間というのは、心の底では自分で自分を信頼できていない人であろう。無意識下では自分の人生を無意味に感じているし、無力感に悩まされている。ところが、行動を変えると、自分をどう見るかという点において、変化するのである。

今まで、すぐに相手を責めていた。しかし、そのことを中止して、他の行動をはじめるということで、自分の自分に対する感じ方が変わってくる。無意識下において自分で自分を信用できなかったのが、何か自分を信用できるようになる。それはハッキリとわからない微妙な変化である。しかし自分に対する自分の知覚の全体的な変化が起きる。

自分は本当には愛されていないのだ、という歪んだ人生観が、心の底のまた底のところにへばりついている。ところが、今までの行動を変えることで、その人生観が変化する。

妻を自分の一部分として愛し、決して一個の人格として愛していなかった夫が、妻への不当な非難を中止して、たとえばレコードを聴きはじめるとする。そのとき、自分自身に対する感じ方も変化しはじめるし、相手への見方も変化しはじめる。自己愛的な自分の一部分として愛するのではなく、人格を持った人間として愛しはじめる準備が、そのような行動の変化でできはじめる。

決して五分以上はブツブツと不平をいうまいと決心し、それを実行できれば、自分は弱い、とるに足りない人間だという無意識下の自己像に変化が起きる。

たとえば相手に不平をいうとき、〝気持ち〟ということばを使わない、などともっと具体的な決心をするのでもよい。

先に「きみのドアの閉め方が悪い、オレは気持ちをたいせつにしているのだ」という不平のことを書いた。〝気持ち〟ということばを使っている限り、自分の幼児的依存心を〝気持ち〟という美しい人間性で置き換えてしまえる。しかしこのようなことばの使用を自分に禁止することで、自らの幼児的依存心に直面せざるを得なくなったりもしよう。

生きている充実感が味わえるのは

とにかく今までの行動の仕方、もののいい方を変えるべく努力することである。〝努力〟などということばを聞くと、それだけで「わあー、かなわない」と今の若い人たちの多くは思うのではなかろうか。

すべての若者とはいわないが、今の若者の多くは、できたら〝適当に〟〝楽しく〟生きていこう、と願っているようである。そんな時代に〝努力〟などというのは、はやらないであろう。

「努力、わあー、しんどい」と人々は思うに違いない。僕とて、この〝努力〟ということばにまつわりついているイメージには、しんどいなあという感じを受ける。

しかし、逆に〝適当に〟〝楽しく〟で、生きている充実感を味わえるかというと、そうでもあるまい。

寒い冬の日を考えてみよう。寒い日には、コタツに入って動かないで一日過ごすことは楽なことである。コタツに入っているのに努力は必要ない。しかし、一日中コタツに入って過ごしたらどうであろう。何となく体が不快ではなかろうか。

それにくらべて寒いなかをマラソンをするのには努力が必要である。しかしマラソンをしていると身体がホカホカしてきて、終わってシャワーでも浴びて着がえると、何ともいえず気分はさっぱりしてくる。気分爽快である。

暑い夏の日を考えてみよう。一日中冷房の部屋にいるのには努力はいらない。しかし一日たってみれば、やはり不快であろう。身体のどこが痛いというわけではないが、何となく調子が悪い、食欲がない、気分がすぐれない、ということになる。

それにくらべて汗をふきふき一日がかりで山に登るのには努力が必要である。しかし山に登って夕陽を見るときの気持ちはどうであろうか、それは何ともいえず心地よい疲れを感じるであろう。食欲もある、睡眠もよくとれるに違いない。

どちらが楽か、といわれれば努力の必要としないほう、つまりコタツに入っているほうであり、冷房の部屋にいるほうである。しかし、どちらが心身ともに快調であるか、といわれれば努力の必要とするほう、つまり、マラソンをするほうであり、山に登るほうである。

暑いときには涼しく、寒いときには暖かく、ということは、そこで仕事をするならよいことである。しかしただ怠けるためにそうするなら決してよいことではない。寒いときには寒く、暑いときには暑く、それにふさわしい行動をすることで人間の創造性も出てくるのである。

変えられる行動から変えてみる

ところで努力にとってたいせつなことは、あまり一気に大きな努力を持とうとしないことである。今、マラソンとか登山とか書いたが、行動でいえば「やれることからやる」ということがたいせつである。やることにあまり抵抗感のないものからやる。

自分を変えたいと思う人は自分の行動を変えなければならない。そして当然変えられる行動から変えるということである。

運動不足、怠けぐせを直そうと思って早朝マラソンをはじめるのもよいが、そう簡単にできるものでもない。そんなことが簡単にできるなら〝努力〟などということを書く必要もなかろう。

ところが朝、冷水をかぶることはできなくても、駅からバスに乗らずに歩いてみるぐらいのことなら誰にでもできるだろう。

歩くことなら、努力などと大げさに騒がなくてもできる。休日などに気分が沈んできたら、とにかく外に出て歩くことである。ところが気分が沈みはじめると、何か歩いたって仕方がない、人はそんな気持ちになってくるものである。

億劫《おっくう》なとき、この億劫がっている自己に勝たなければならないと、マラソンをしようとすると、挫折する。その挫折感が、もともとある意欲までなくしてしまうことがある。たいせつなのは大きな成功ではなく、小さな成功である。その小さな成功はさらに成功を呼ぶ。成功は成功を呼ぶものである。歩くことが次第にジョギングまでくればしめたものである。

今までお風呂に入って湯ぶねにつかるのが一分であった人は、適温の風呂にじっくり入ることである。じっくり入るということは湯ぶねにとっぷりつかって、顔にジワーッと汗が出るまで入るということである。そうすれば血行がよくなる。血行がよくなることは健康にとってきわめてたいせつなことであろう。

お風呂の入り方を変える、これだけで人生の感じ方はやはり違うものであろう。決して小さなことを軽蔑してはならない。風呂に入るなんて、あんなの運動になんかならないよ、などといわないことである。

他人の仕事を見ても同じである。草取りも立派な仕事である。「あんなの仕事のうちに入らない」などという人は結局、暗い人生をおくる。

自分は何か立派なこと偉大なことをしなければならないと考えてしまう人がいる。何か行動を変えるなどというときでも、小さなこと、日常的なことでない、何か理想的なことを考えてしまう人が多い。それはむしろそうした人々が情緒的に未成熟だからである。いっきょに世の中を変えられないように、いっきょに自分の人生も変えられない。

今日できることをやる

情緒的に成熟した人は物事をいっきょに解決しようとはしない。一つずつ解決していこうとする。一つずつ眼の前の困難を除去しようとする。

情緒的に未成熟な人はいっきょに困難を解決しようとするか、その困難から逃げるか、である。いっきょに困難を解決することはなかなかできないから失敗して挫折感を味わう。

スランプなどのときも同じである。スランプは努力して意志の力でいっきょに脱出できるものでもない。スランプになってスランプから脱け出そうとしてあがいてもなかなか脱け出せるものではない。あがけばあがくほどスランプはながびいてしまう。

スランプのとき机の前に座って、努力して本を読もうと思っても本を読めなければ、読めないでも仕方がない、とそこに座っているより仕方がないであろう。

神経質な人は完全欲が強い。およそ理想的な人などいないのだから、朝から晩までじっと座って勉強していても、能率など上がるはずがない。

スランプになったらスランプのままで生きていくしかないのである。ふつうの人ならばスランプは多少苦しくても、仕方がないとあきらめて適当に休み、適当に運動し、勉強ができないながらも机に向かったりしている。そのうちなおるだろう、ぐらいのことを考えている。

ところが神経質の人はそのうちどうかなるだろう、と楽観的に考えられない。神経質の人は将来に対して悲観的になってしまう。

このように、神経質の人、前に書いた情緒的未成熟な人は努力にとらわれて、大きなことをやろうとしすぎて失敗する。

遠くにあることばかり自分にふさわしいと考えないで、近くにあることをたいせつにすることである。出発点は身の回りの整理から、である。

座ってやることから全身を使う運動へ。室内の運動から室外の運動へ。語学をマスターするプロセスを考えてみればわかる。

昨日できなかったことを悔やんでいるより、今日できることをやることである。

小さな努力を馬鹿にしてはならない。小さな努力から何かをしたことで自信がつき、さらに大きな努力を持てるようにもなる。

基本的には自分の気持ちをやわらげることなら何でもいいのである。

自分を変えようというときも、背伸びをしてはならない。何だか何もかも億劫だと感じるようになったのも、そもそも無理やり他人にあわせてきたからである。

そして無理やり他人にあわせてきたのも、そうしないと受け入れてもらえないと錯覚してきたからである。

自分の感情と時間を取り戻す

自己不在の不安からの解放

他人の感情に吸い込まれる

不機嫌な人間が、他人の不機嫌に敏感であるというのは、考えてみれば当たり前の話である。

つまり情緒的に未成熟な人間は、周囲の感情に引きずり込まれるということである。自分自身の感情の底ができていない。別のことばで表現すれば、前に述べたように〝自己の個別化〟がなしとげられていないということである。

自分自身の感情と他人の感情との区別ができていない。他人の感情が自分の望むように動かないと腹が立つ。自分の感情は自分の感情であり、他人はまた他人の感情を持っていて、それは自分とはまったく別の法則にしたがって動くのであり自律性を持っている。このことが、不機嫌な人には理解できない。つまり底の抜けたバケツに水を入れるように、自分の感情が自分から脱け出して他人に向かって流れ込んでしまうのである。

そういう人は、周囲の感情に自分自身が吸い込まれてしまう。不機嫌な人に接すると、とたんに、その不機嫌さに吸い込まれてしまうのである。

たとえば、家族のなかで父親を考えてみればわかる。

父親がすぐに不機嫌になってしまうような情緒的に未成熟な人間であったとしよう。すると、母親がちょっと不快な感情を示したり、子どもがちょっと不快な感情を示すと、その父親は、とたんにそれら家族の不機嫌さに吸い込まれてしまう。

不機嫌に苦しむのは、不機嫌な人、当の本人である。したがって、家族のなかの誰かの不機嫌に吸い込まれてしまった当の父親は、自分の不機嫌に苦しむ。そして、その苦しみの原因を、自分の感情を吸い込んだ家族の誰かにぶつける。そして、「こんなにいい生活をしているのに、なぜ、そういう不機嫌な顔をするのだ」とおこりだす。

不機嫌な人が、自分の不機嫌を認めないというのは、他人の不機嫌さに吸い込まれてしまったからである。父親という強い立場にある人間は、その自分の感情を吸い込んだ自分の家族という弱者に対して怒りをぶつける。

したがって、不機嫌な父親を持つ家族の成員は、たえずびくびくしていなければならないのである。通常であるならば、自分のなかに吸い込まれてこない他人の感情が、自分の意図とは別に自分のなかに吸い込まれてくるからである。

意図しない影響を人に与えるとき

自分より強い立場にある人が、たえず感情的には自分より弱いというほど、立場の弱い人にとってつらいことはない。自分の意図がどのようなものであれ、その意図とはまったく別に、結果として相手の感情を害するということがあるからである。

自分は、何も相手を傷つけようとしたのではないのに、自分のことばによって相手が傷つくということがある。そうしたとき、強い立場にある人は、その自分の感情を傷つけた人間に怒りを向ける。そのとき、いかに自分はそのような意図をまったく持っていないという説明をしても、それはむだなのである。

ことばというのは、そのことばをいった人の意図とはまったく別に、ある一定の影響力を人に与えるものである。

情緒的に未成熟な父親は、家族の誰かの吐いたことばによって傷つく場合が多い。そして、立場は父親のほうが強いから、家族はたえずびくびくしていなければならないのである。

自分のいうことばが、自分の意図とはまったく別の影響力を、自分より強い立場の人に与えるということは、弱い立場の人にとってはたまらないことである。しかも、家庭のような小さい集団のなかでたえず生活を共にしているという場合、四六時中、びくびくしていなければならないであろう。

われわれは、ことばを使うとき責任を持たなければならない。しかし、われわれの吐いたことばというのが、われわれの意図と違った結果をもたらすということはたくさんあるのである。逆にいえば、われわれ自身が他人のことばによって傷つく場合も同じである。われわれを傷つけようとして吐いたことばもあるであろうし、われわれを傷つけようとしたのではなくて吐かれたことばもあるであろう。

しかし、われわれに影響を与えるのは、他人の意図ではない。

他人が、われわれを傷つけようとして吐いたことばであっても、われわれは何ら傷つかない場合もあるし、逆に、他人がわれわれを傷つける意図をまったく持たないで吐いたことばでも、われわれが傷つく場合もある。

それは、ことばというものばかりでなく、動作などについても同じである。

他人のちょっとしたしぐさのなかに、あるシンボルを自分自身が勝手に読み取ってしまうことがある。相手が好意のつもりでしたしぐさを、悪意と受け取る場合もある。あるいは、相手が自分とは無関係にしたしぐさを、自分への軽蔑と感じてしまうこともある。われわれが影響を受けるのは、相手のことばやしぐさではなく、われわれ自身の解釈である。

われわれは他人のことばや動作を過去の人間のそれによって解釈する場合がある。

「今日は何時に帰るの？」と奥さんがいったとき、そのことばを昔の母の態度にしたがって受け取る人もいる。昔母親が学校が終わって真っ直ぐに家に帰ってこなければ怒って責めた、「いつ帰るか？」という質問は、その夫にとっては相手が自分を責めていることを意味してしまう。

奥さんは決して夫を責めていっているのではないのに、夫はそのことばを聞いて、自分は責められていると感じてしまう。

奥さんの真意を理解できないのは、母親という過去の亡霊に悩まされているからである。世の中には〝母なるもの〟を欠如した母親もいれば、母親ではなくても、ただひたすらに母性的である女性もいる。

この二人の女性のいうことばは同じでも、意味することはまったく違う。一人はひたすらに相手を責め、もう一人はひたすらに相手を受け入れる。

あなたを尊重してくれる人とつきあうこと

親の不機嫌さに萎縮して育った人は、ありのままの自分を受け入れてくれる人に対しても、ありのままの自分は拒否されていると感じてしまう。

この世の中には法律的、動物的には親がいても、深い意味において父のいない子、母のいない子はたくさんいる。

四六時中、親子でベタベタしていながら根源的なる愛を知らずに育った子どもは、まず、世の中には自分の親とまったく違った感じ方をする人間がいるのだということを知ることである。それが依存心克服の第一歩である。

自分の父親や母親は自分の一言一言に敏感に反応してすぐに傷ついた。そのような父や母を持った子はどうしても自分の意見をいえない。自分の一言で他人が敏感に反応して傷つくのを恐れるからである。しかしこの世の中には、自分がどのような意見を主張しても傷つかない人がたくさんいる、そういうことを知ることである。

不機嫌な親に育てられた人は、とにかく感情の安定した人とつきあうことである。年齢も関係ない、社会的地位も関係ない、お金も関係ない、とにかく気持ちが安定して陽気な人とつきあうことである。はっとするほど新鮮な驚きがあるに違いない。

人間は自分自身を尊重する程度に応じてのみ他人を尊重できる。不機嫌な人は自分自身を尊重できないからこそ、不機嫌になったのである。不機嫌な親に育てられた子は、したがって他人から尊重されるということを知らない。そのような他人の感じ方、自分自身の感じ方ができない。

しかしこの世の中には、あなたがあなたであるから尊重してくれる人はいくらでもいる。あなたが〝良い子〟だから、あなたが親のプライドを傷つけないから、あなたが親の虚栄心を満たすから、尊重されるのではなく、あなたがあなたであるから尊重してくれる人はいる。

親の虚栄心を満たすから尊重されてきた人は、有名企業で出世しないと女性にもてないと、自分自身を感じてしまう。そのような人はどんなに出世しても、自分自身の無価値感から脱け出ることはできない。

あなたがハンサムであるから、あなたが美人であるから尊重されるのではなくて、あなたがあなたであるから尊重してくれる人は、陽気な人、楽天的な人、意欲的な人、友だちの多い人、ものごとに挑戦的な人、満足している人、不平をあまりいわない人、他人の悪口をあまりいわない人、行動的な人、実行力のある人、そんな人たちである。

自分自身を尊重しないような人たちに囲まれている人はとにかく自分自身を尊重してくれない人たちのなかから大脱走をくわだてることである。

〝過去〟に焦点を合わせるな

よく、年を取ると時のたつのが早いという。生まれてから二十歳までと、二十歳から四十歳までの期間をとれば、同じ二十年間である。しかし、生まれてから二十歳までのほうがはるかに長く感じるという。

生まれてから二十歳までというのは、よく考えてみれば五歳ごろからの記憶であるから、実際には十五年くらいであろう。

ところが、なぜその十五年があとの二十年より長く感じるのであろうか。それは、多くの人が過去にとらわれて生きているからである。

十五歳で傷ついた人間が、その十五歳のときの傷を忘れることができず、何とかその傷を回復しようとする行動を選択し続けることによって、実はその人は、さらに自分を傷つけながら三十まで、あるいは五十まで生きているということなのである。

自分が傷ついた時点から、その後の人生は、結局はその傷ついた行為のあと始末をしているにしかすぎなくなってしまう。

つまり、過去に焦点を合わせて生きているということである。だからこそ、前の十五年よりもあとの二十年のほうがはるかに短く感じるのである。

十代よりも二十代のほうが早く過ぎ、二十代よりも三十代のほうが早く過ぎ、三十代よりも四十代のほうが早く過ぎるというのは、次第次第に過去に焦点を合わせながら生きているということである。

具体的には、未来に焦点を合わせているようにみえても、動機から考えればあきらかに過去に焦点を合わせている人がいる。

たとえば、五十までに常務になって、五十五歳で社長になってという目的を持って生きている人は、一見、未来に焦点を合わせて生きているようである。

しかし、問題は、なぜ五十五歳で社長になろうとしたかということである。なぜそのような目的ができたかということである。それがもし、二十歳のとき、あるいは十二歳のとき、何らかの挫折体験があり、その挫折体験から出世への願望を強くしたとすれば、その人は過去に焦点を合わせて生きているというべきであろう。

結局は、挫折をしたその日からは、新しい一日がはじまっていないのである。挫折以後の一日一日は、常に挫折したその日のあと始末に追われているというにすぎない。

新しい自分が生まれ、新しい一日がはじまるのでなく、挫折した自分があり、その挫折した自分を引きずりながら、挫折体験の処理に追われているのが挫折以後の一日一日である。

挫折以後どこかで、もはやその挫折体験を乗り越え、その事件をふっ切り、「今日からは新しい自分として生きていこう」と決心し、それが可能にならないかぎり、時は早く過ぎていく。

十五歳で挫折体験をし、その挫折を乗り越えられないまま、五十五歳で社長になってみても、その四十年間は、きわめて空虚な四十年間であろう。

ふり返って考えれば、その四十年間には何もない。その人にとって人生の重大事は、ただ十五歳の、そのときの事件だけなのである。

十五歳以後、その人は決して新しくなっていない。その人の行動の動機は、十五歳のときに決定し、それ以後、新しい自分が開けていないということなのである。その人は、自分の新しい可能性をすべて殺してしまったということであろう。

財布のなかの二十四時間

われわれが、挫折を乗り越えなければならないのは、その日その日を、新しい一日として、新しい自分として生きていかねばならないからである。

自信を失った人は、さらに自信を失わせるような選択をし、つまり、過去に焦点を合わせて生きていくのである。決して、新しい自分として、新しい一日をむかえることはない。そのようにして、自分自身を犠牲にしていってしまうのである。

自分を傷つけた人間を一生うらみながら生きていく人を考えれば、そのことはよくわかるであろう。

実をいえば、自分で自分を傷つけたにもかかわらず、自分を傷つけたある人を憎み続けて生きるということは、その人に支配されているということである。一生、その人に支配されたということであり、一生その人のために犠牲になったということである。

その人にとって、新しい一日がはじまるということは、その憎しみがなくなるということとにほかならない。その人への憎しみから、あてつけで他人と何かをしても、結局はその人にとらわれて一生過ごすことに変わりはない。

よく、自分を捨てた人にあてつけるようにして、新しい恋愛をはじめる人がいる。それは新しい自分として、新しい一日がはじまったことではないであろう。

形の上では、新しい人との恋愛であっても、それは、あくまで傷ついたその日のあと始末の一つの方法としてとられている恋愛にしかすぎない。そのようにして過ぎた二十年間というものを考えてみれば、いかに、時の過ぎるのが早いかというのがわかるであろう。

もし、二十歳のときに捨てられたことをうらみ続け、そのあと始末の一環として、あてつけに誰かと結婚したとしよう。そして、四十歳になったとする。結婚をし、子どもができても、四十歳になったその女性が、自分の人生をふり返ってみたとき、二十歳から四十歳までの二十年間というものは、おそらく、まったくの空白ではなかろうか。

もちろん、その人が、二十五歳なり、三十歳なりで、その憎しみを解消し、新しい自分に生まれ変われば別である。

「憎しみを持つということは、その人に支配されるということである」ということばがあるように、人はある時期の挫折に一生を支配されてしまうということがある。

ある一つの挫折体験で自分の全人生を犠牲にしてしまう人がある。ある一時期の挫折で、自分の人生を犠牲にしてしまう人は、自信のない人である。

自信のある人は、逆に過去をたいせつにするものである。

朝起きたら財布のなかには二十四時間というお金がある。自信のない人は、そのお金を過去という借金のためにすべて使ってしまうのである。

自信のある人は、今日の日のためにそのお金を使う。自信のない人は、払い切れない借金を背負いながら生きていくようなものである。

自信のある人には、借金などないのである。財布のなかの二十四時間を、今日の日のために使うことがたいせつなのだ。

自信を回復するために自己点検してみる

精神の歪みの早期発見とそのなおし方

自信のない人ほど自信を失う行動をする

人間というのは、つくづく不思議なものだと思う。というのは、自信を失えば失うほど、さらに自信を失うような行動をとりやすいからである。自信がある人は、さらに自信を持つような行動をしやすいのである。

たとえば、次のようなことがいえるだろう。

劣等感を持っている、いらいらしている、情緒が不安定だ、こういう人はどういうわけか、さらに自信を失うような行動をとるのである。それは具体的には、他人に自分を印象づけようとする行動である。

他人に対して、自分を印象づけることで、いよいよ、自分を殺し、他人の期待に沿った生き方をはじめるのである。

他人に自分を印象づけようとして、自分の弱点を隠し、そして、不自然に陽気にふるまったり、派手に行動したり、お金のある人はお金をばらまいたり、自慢話をしたりする。

このような行動をすることによって、実はその人はいよいよ自分に自信をなくすのである。いよいよあるがままの自分に自信を失い、あるがままの自分で他人に対することができなくなり、そして気が弱くなる。気が弱い人は、他人を傷つけまい傷つけまいと恐れる。他人に嫌われるのがこわいため、他人の感情を害するのを極度に恐れるようになる。

そして、自分の気持ちにしたがって行動するよりも、他人の気持ちにしたがって行動するようになる。常に自分のやったことに弁解が出てくる。弁解をしないでは何事もできないようになるのである。

よく、人間は自分の弱点の犠牲になるといわれる。

自信のない人は、ありのままで他人に対することができないために、「こんな有名人と知り合いである」とか、「自分のおじさんにはこのように大金持ちがいる」とかいう話をする。このような話をすればするほど、いよいよ自信を失うのである。

心の弱さをもとに生活すると自分がだめになってしまうというのは、このことであろう。

自信を失った人は、ほんとうは自信を回復するように行動しなければならないのである。

しかし、自信を回復するどころか、さらに自信を失うような行動をどうしてもしてしまう。

心に傷を持つ人は、さらに自分を傷つけるような行動をとってしまう。安心感のない人は、さらに自分が安心感を失うような行動を選択してしまうのである。傷つきやすい人は、自分を傷つけるように行動してしまう。

たとえば、自分の本が売れないということで自信を失った作家は、売れる本を書こうとする。そのことによって、実はいっそう自信を失うのである。

その作家が自信を回復するためには、自分が納得いく本を書くことなのであるが、自分の本が売れないということに劣等感を持つ作家は、自分が納得のいく本を書こうとするよりも、売れる本を書こうとすることによって、いよいよ自信を失うのである。

結果として、その本がどのように売れようとも、大ベストセラーになろうとも、その作家は自信を回復することはあり得ない。

自信を回復させるためには

人間は、自分の劣等感の犠牲になってしまうことがしばしばある。今書いたように自信のない人が、他人に自分を印象づけようとして、派手な行動をとったりする。

しかし、自信をほんとうに回復するためには、たとえば昔、世話になった故人のお墓に線香をあげにいくというようなことが必要なのである。

権力を持つ人と新たに関係をつけようと努力することによって、さらに自信を失うよりも、自分が世話になった故人のお墓にそっと詣でるなどということが、実は自信を回復することにつながるのである。

しかし、えてして自信がある人は、昔、世話になった人のところに一人でそっと墓参りをしたりするが、自信のない人は、死んだ人には関係ないとばかり、権力を持つ人とコネをつくろうと必死になる。権力を持つ人と関係を持つことで、自分の弱さをカバーしようとするのである。

このようにして、いよいよ自分自身を犠牲にしていってしまう。

昔、世話になった人のお墓にそっとお参りすること、花を供えること、そのようなことは実は、自分自身の心のための行動なのである。

自信のない人は、このように自分の心のための行動を、どういうわけかとりにくい。自分自身の心のための行動をとらないことによって、他人の思惑《おもわく》にいいように引きずりまわされてしまう。

これが、弱さを出発点にして行動をはじめた人が、自分自身を犠牲にしてしまうということである。

自信のないとき、自信を回復しなければならない。そのためには、まず自分にとって〝誘惑的な行動〟に打ち勝たねばならない。

自分自身にとって誘惑的な行動とは、他人に自分を印象づけようとする行動である。それよりも、自分の心のための行動を他人以上に多くしなければならないのである。

自信のある人は、他人の期待どおりの行動をするよりも、自分の信念にしたがって行動することが多い。だからこそ、さらに自信をつけてしまう。それに対して、自信のない人は、他人の期待どおりに行動しがちである。そのような行動がきわめて誘惑的なのである。

変ないい方かもしれないが、自信のある人は下着に気をつかうことである。下着におしゃれは必要ないかもしれないが、身につけている下着が気持ちがいいということは、自分にとって、気持ちのいいことである。しかし、それは人には見えない。

ところが、自信のない人は、下着をきれいにする努力よりも、上着を印象的にすることに努力しがちである。自信のある人は、上着よりも下着をきれいにすることでより快適になってしまう。

自信のない金持ちは、お金をばらまいて自分を大物ぶって見せようとする。しかし、このようなことによって、さらに自信を失ってしまうのである。

また、自信のない人は、自分とすれ違うすべての人に、自分の価値を証明しようとする。そのことによって、たえず緊張し、結果として、より自信を失うことになる。

自信を失った人は、さらに自信を失うように行動するということは、別の表現を使えば、過去のある失敗にとらわれて、それを回復しよう回復しようと生きることでさらに失敗することである。

ゴルフをしている人のなかで、こんな人がいる。一つの悪いショットにとらわれて、最後まで自分の能力を発揮できない人である。ベストを尽くし、良いショットが出たら喜び、悪いショットが出たら、それを忘れることがたいせつなのだという。たった一つの悪いショットに心をとらわれて、最後まで自分の能力を発揮できないというのは、何もゴルフだけの例ではない。

自信のない人が、さらに自信をなくすような行動を選択するのも、同じことなのである。

自分を他人に印象づけようとするな

自信を回復するためには、まず自分を他人に印象づけようとすることをやめることである。虚勢を張りたくなったとき、自分に次のようにいいきかせることである。自分はより不安定な気持ちになりたいのか、それとも自信を得て安心して生きたいのか、と。

自慢話をしたくなったときも同じである。ポケットのなかに二つのカードを入れておく。一つには、「より自信のある自分へ」、もう一つには「より不安定な自分へ」と書いておく。自慢話をしたくなったら、必ず「より自信のある自分へ」というカードを引いて、自分の弱点に勝つことである。

自慢話が習慣化すると、自慢話をしていないと不安になってくる。そして自慢話をしないでは他人とつきあえなくなってくる。つまり自分の無価値感をより強化してしまうのである。四十歳、五十歳、六十歳と年をとり、いつのまにか、この自分の無価値感を自分のなかに凝り固めてしまった人もいる。

煙草の習慣をやめることに世間は熱心である。それは煙草の喫いすぎが肉体的健康を害するからであろう。しかし世の中の人のなかには案外、精神的健康を害する習慣には無関心な人がいる。

街を歩いていると、やたらに「人間ドック」の看板が眼につく。肉体的には人間ドックに入って身体の検査をしてもらう。同じように精神的にも自分で検査をする必要があろう。そして一日も早く自分の精神の歪みを発見し、それをなおすことである。早期発見が必要なのはガンばかりではない。

われわれは肉体的なことになるとコレステロールが増えるとか、血圧が高くなるとか注意をする。そしてこれ以上コレステロールが増えないように、と食事療法をする。ところが、これと同じだけの注意を精神面に払っているだろうか。肉の食べ過ぎはいけない、肉を食べたら野菜を必ず食べる、などと注意する。そしてこれはたしかによいことである。だが同時に、精神面にも注意をしたいものである。

他人を冷笑する、などということは血圧と同じく注意すべきことであろう。糖尿病になるのを防ごうと食事療法するのと同じように、自信喪失を防ごうと言い訳をやめることにも注意すべきであろう。

大酒がやめられなくて肝臓をこわすように、嫉妬から他人を非難するのがやめられなくて、ものごとに感動する能力を喪失してしまうこともあろう。

消化管に異常はないか、胃に異常はないか、十二指腸に異常はないかと気をつけるのと同じように、自分の自発性に異常はないか、自尊心に異常はないか、考え方の柔軟性に異常はないか、などと考えてみることであろう。

肥満は万病のもとという。だから人々は肥満にならないように運動をし、食事療法をする。依存心は精神の肥満であろう。

ところが、肥満をあれだけ恐れるビジネスマンが、同じように依存心を恐れていない。ジョギングをして汗を流し肥満を防ぐのと同じように、自分のことを自分で判断し独立心を養おうとしなければならないであろう。

精神の人間ドック

自分で一度精神の〝人間ドック〟に入ってみることである。

人に会うと、その人に失望されることを恐れていないか。汚いものに眼をおおっていないか。たとえば「青春は美しい」と思い込もうと、自分の青春のみじめさを見て見ぬふりをしていないか。また、自分が真に欲しいものを、欲しくないようなふりをして生きていないか。心の底では嫌いな人間を、恐れから好きであるようなふりをしていないか。たとえば自分の親が嫌いなのに、その感情に眼をそむけていないか。自分は性的道徳家のつもりでいるが、本当は性的欲求不満にすぎないということはないか……本当の感情を抑圧するために努力している限り、幸せにはなれない。

幸せになりたければ自分を直視することが必要である。

その自分を直視する能力がどこまでそこなわれているか、を知るために〝人間ドック〟に入ることである。依存心の強い人は自分を直視する能力がない。なぜなら、自分が心理的に依存している人にさからえないからである。依存している人にさからう感情はすべて抑圧してしまう。

だが、胃の検査をし、心電図をとるように、とにかく自分の感情を一つずつ検査していくことである。

たいせつなことは抑圧されている衝動は何か、と気づくことである。

そして自ら自分の精神的健康状態を知ろうと努力してみることであろう。

生きることが楽しくない人は、どこかに欠陥があると思って、それをさがしだしてくることである。

そして断固として、その悪い習慣をやめること。悪い習慣はガンである。

他人を冷笑することで、自分の心の葛藤に耐えてきた人は、大決心をして他人を冷笑することをやめることである。長い間冷笑の習慣ができてしまった人は、もう他人を冷笑することが、心の葛藤に耐える唯一の方法であるかのように感じているに違いない。しかし冷笑し続けることは、ガンがどんどん広がっていくのと同じである。もとになる葛藤そのものを解決しなければならない。

他人を批評することばの点検を

心の冷酷な人間ほど、他人を冷たいと非難しがちである。そこで、自分が他人を批評するとき、どのようなことばを最も多く使うか、ということを反省してみることはたいせつである。

たとえば、すぐに「あの人はグズだ」とか「こんなことができないとは、おまえも驚いたグズだ」とか、「まったくグズで、使いものにならないよ」とか、ひどいときには「グズだねえ」などという。そういう人は、実は自分がグズであることを心の底で悩んでいるのであろう。自分がグズであるという劣等感を持っているということである。そういう人は、とにかく「グズ」ということばを使わないということからはじめてみることである。

自分が他人を批評するときに使うことばの点検を一度してもらいたい。

頭が悪いという劣等感のある人は、すぐに「あいつは頭が悪い」とか「あの人は頭のいい人だから」ということばをのべつ使う。

また「あいつは本格的なところがない」とか、「あれは本格的だ」とか「あんな人は本格的なところでは相手にされない」とか、たえず「本格的」ということばを使う人は、自分は本格的でありたかったけれど本格的になれなかったという劣等感を持っているのではないか、と疑ってみる必要があろう。

ことばをとおして自分を見ていくのである。また自分はどのようなことばを言い訳に使っているか、ということも同じような目的に使える。

たとえば、すぐに「教養がないわよ」という人は、自分が世の中にもっと受け入れられていないという口惜しさを、〝教養〟ということばで表現しているのである。

「自分は自分の主張しているのとまったく反対のことを望んでいるのではないか」ということを、一度本気で反省してみることが必要なのである。

自慢話、虚勢ということの点検と同様、卑屈さの点検も必要であろう。午前中自慢話をしたかと思うと、午後になったら別のところで不必要に卑屈になっていたりすることはないか。

不必要に卑屈になるのも、他人を恐れているからであり、自分の無価値観に悩んでいるからであろう。

このような悪い習慣を断つとき、焦燥感にかられるかもしれない。しかしこの焦燥感の向こうには必ず自分が自分として尊重される世界が開けるのだと信ずることである。

第 VI 章

安心感の持てる人間関係をつくる

こうすれば自己不安は「くつろぎ」に変えられる

こんな人やグループがあなたをだめにする

自分を取り戻すためのその見抜き方

あなたの人間関係を歪める二つのタイプ

今までもいろいろと、このような人とは接するな、と書いてきたが、さらにつけ加えると次のようなことである。

（1）あなたには近づいてくるが、どうも一般的には人を避けるような人間、このような人はあなたにベッタリと甘えて、いよいよあなたの精神を歪めてしまう。

一般的には人を避ける嫌人症であり、対人関係はいつも緊張気味である。そのような、対人緊張の人は、あなたに向かってだけ幼稚な自己中心的世界を押しつけてくる。

（2）くどくどと押しつけがましい説明をする人も避けたほうがよい。

要するに我執の強い人と接したら、安心感など持てるわけがない。もしこの我執の人が自分より強い立場であったら、次から次へと要求を出され、際限のない奉仕に疲れ果ててしまう。しかし人間とは不思議なもので、このような際限のない奉仕に疲れ果てながらも、その人と別れることに何か罪責感を感じるのである。そのような行動がいったん習慣化されてしまうと、理屈ぬきに、その行動をやめることができなくなる。人間は一度相手のいいなりになると、次には同じような行動をしないと罪責感を持つ。そして我執の人の際限なく続く不当な要求に奉仕し続ける。何よりもそのように続けねばならないという心理的圧迫感を持つ。

我執の人は相手に従順さを要求する。そして気の弱い人は、相手に従順になることで、自分を抑圧する。そしてこの我執の人と従順な人とは共生するが、決して共感はしない。

共生的関係から共感的関係へ

共生的関係から共感的関係へ、これが安心感の基本である。

共生的関係においては、人は相手に対してノーということができない。おかしい、面白くない、こうしてもらいたい、と思っても、思うだけでいいだせない。相手の身勝手さを心のどこかで責めながらも、口や行動にハッキリと示すことができない。相手を恐れているからである。たえずほんとうの自分を隠しているから、安心感がない。あるのは、何とはなしのやり切れない不満である。そんな不満を持つ人は、〝なぐさめ〟を求める。酒にパチンコになぐさめを求めて、〝憂さ〟を晴らす。

しかし共生的関係が続く限り、すぐに〝憂さ〟はつのる。〝なぐさめ〟や〝憂さ晴らし〟は根本的な解決にはならない。

「くさい臭いはもとから断たなきゃダメ」というトイレの臭い消しのコマーシャルがあったが、〝憂さ〟も、もとから断たなければダメなのである。そのためには我執の人との共生関係を断つしかない。我執の人との共生関係から、寛容の人との共感関係への移行こそ、もともとから憂さを断つことである。寛容の人は、あなたに自分に同調する〝良い子〟であることを求めてこない。だからこそ、寛容の人といると安心感を持てる。

寛容の人はあなたに、あなたであることを許す。あなたがあなたをたいせつにすることを許す。彼はあなたをコントロールしようとはしない。寛容の人は抽象的で妙にまわりくどいいい方をしない。もっとハッキリとして明快ないい方をする。

あなたに従順を要求する人の表現を研究することである。もってまわったような表現、恩着せがましい表現が多いはずである。自分を奪回するためには、どうしても、このような人との関係を断たなければならない。

我執の強い人といつまでも共生的関係を続けていると、あなたは、いわれのない負い目に苦しむことになる。

胸を張って安心感を持ちたければ、他人と親密な人間関係を持っている許容の人のところに行くのがよい。

許容の人は、あなたの些細なことばや態度で傷ついたりしないから、いっしょにいても安心感がある。何をいっても許されるのである。あなたに無限の愛を希求してくる我執の人と違って、あなたにできることしか求めてこない。そしてあなたにできないことがあっても、失望の色をあらわにして、あなたを責めたりはしない。

あなたが生きることに安心感を持っていないとすれば、我執の人のとりこになって、内面がズタズタに傷ついているのである。我執の人の敏感反応に疲れ果てているのである。

こんなグループは敬遠しよう

また、あなたが接近するグループは次のようなグループでなければならない。

まず第一に、何かあったとき、それに不参加の自由のあるグループ。今まで自分の属してきたグループを考えてみれば、このことはわかるのではないだろうか。

たとえば、あなたの心をいびつにした家庭を考えてみると、おそらくそのような不参加の自由はなかったはずである。家族旅行に行くとする。もう親といっしょに行くことがしんどい年齢になっていても、ついてくることを強要された。要するにそのようなグループというのは何か重圧感があるのである。

第二に、みんなが同じである必要のないグループである。画一的な価値観を強要しないということである。グループの意見はあっても、個人の意見のないようなグループは避けたほうがよい。

第三にグループ外に敵を設定しているようなグループは避けたほうがよい。つまり外部に敵を設定し、その敵を恨み、攻撃的になることでそのグループ内の同一性を高めようとするグループがある。親戚のある人々を排斥して、自分たちのグループをつくり、その排斥した人々の悪口をいいあって生活している、などというグループはこの世の中にはたくさんある。

自分たちの悪いことはみな、その人たちの責任のようないい方をし、そしてその人たちをうらむことでグループの同一性を高める。

あるときは、あの人のためにひどい目にあっているといいあって被害感を共有していたりする。しかし、このようなグループには感情の自由はない。つまり「私は何かそうは感じないわ」というようないい方は決して許されない。

みんなが片寄った被害感を共有しなければならないのである。そしてその同一の感じ方からの離反に対しては、そのグループの人々はきわめて敏感である。

要するに、ここにあげてきたようなグループ――不参加の自由がなかったり、同一の価値観を強要したり、外部に敵を想定したり、というグループには、感じ方の自由がない。自分のものの感じ方が許されない。そうした自由のないところでは、たえず自分の感情のあり方に警戒心を持っていなければならないから、安心感がない。

自分が自分であることが許されて、人ははじめて安心感を持てるのである。

グループのある特定の人の考えが、あたかもグループ全体の考えのようなことを想定されたりしたら自由はない。それ以外の自分の考えを持つことは心理的に禁止されているし、そのような考え方にはグループは敏感に反応し敵意を示す。

“あるがまま”を受け入れあえる関係づくりを

問題箇所発見のポイント

強制ではない強制

安心感を持って生きられない、何かどうしようもなく不愉快である、たえずせきたてられるような焦燥感に苦しめられている、そういう人たちはまず、自分が負うことのできないほど大きな責任を持つことを小さいうちから要求されていたのではないか、と反省してみることである。

何度もいうように、依存心というのは依存の対象を支配しようとする欲求を裏に持っている。しかし、正確には支配欲といってよいかどうかわからない。

なぜならば、依存心の裏にある支配欲というのは、自分の責任において、自分の意志にしたがって、相手を自分の意のままに動かそうというのではないからである。

強靭な自我の持ち主が相手を支配するというときは、あくまでも自分の責任において自分の意志に相手をしたがわせる。つまり、相手がなぜそのように行動し、なぜそのような気持ちになるか、というのはあくまでも自分の意志にしたがっているからである、と強靱な自我の持ち主は理解する。

小さい子どもがお使いに行く、灰皿を持ってくる、庭の草取りをする、親戚の家にあいさつに行く、それらのことを親が望んだとする。

依存心の強い親は、「灰皿を持ってこい」とはいわない。強靱な自我の持ち主である親は「お使いに行ってこい」と命令する。子どもがお使いにいくのは自分の命令に服するからである。子どもがそのような行動を起こした責任は自分にある、こう強靱な自我の持ち主である親は理解する。そして子どもがいいつけにさからえば、「行ってこい」と自分の命令としていう。

しかし依存心の強い親は、子どもがお使いに行ったのは、子どもが行きたいからか、あるいは一般的倫理として行くべきだと考えたから行ったと理解しようとする。つまり子どもの行動についての責任の主体は決して自分ではない。子どもは行きたくないにもかかわらず行ったとしても、親を責めることはできない。なぜならば、親の意志にしたがって行くのではなく、一般的倫理の要請としてお使いに行くからである。子どもとしての倫理や義務を履行したのであって、決して親の命令を実行したのではない。である以上、子どもはこのことについて〝具体的な自分の親〟を責めることはできない。

決して自分を他人から責められる立場には置かない、というのが依存心の強い人間の身の処し方である。にもかかわらず、他人に対する要求は人よりはるかに強くかつ広い。したがって、他人を自分の要求にしたがわせるときは常に一般的な〝べき〟が出てくる。

一般的な〝べき〟を出されると、どうもそれを拒否しにくい。嫌々ながらしたがう。そしてもし子どもが、お使いに行くのを嫌がったらどうするか。このときの依存心の強い親の表現の仕方が、依存心の強い親を理解するポイントである。

〝悪循環〟をどこで断ち切るか

父親なら、顔にしわを寄せ不機嫌に非難めいて「どうしたんだい」という。母親なら「どうしたのよ」と悲しそうに、不愉快そうにいう。つまり、「なぜ、行かないのか」「どうして行かないのか」それは何か子どものなかに正常でないものがあるからなのである、といわんばかりである。

決して〝行け〟という命令はしない。あくまで自分は責任の主体にはならない。

依存心の強い人は、このようなかたちで他人を支配する。これは支配される側にとっては、まさに真綿で首をしめられるようなものである。

どうしてこのような支配になるのか？　それは自分の甘えを、一般的倫理を持ちだしてとおそうとするからである。甘え、幼児的依存心が一般的倫理の仮面をつけて登場したら、周囲の人はたまらない。このような親に育てられて子どもがおかしくならなかったら奇跡である。

いわれのない罪責感、どうしようもない劣等感、眼のくらむような不安感、それらはみな、このような育てられ方の結果なのである。

人生をどうしても楽しめない、何となく生きることを肯定できない、それらはこのような一般的倫理の仮面をつけた甘えに内面を食い散らされたからである。

不快そうな顔による「どうしたんだい」というような不機嫌ないい方のなかには、また、自己憐憫の音色が含まれる。また同情を求める色も含まれる。

それはなぜか。

つまり、一般的倫理に子どもがしたがわないことによって、自分はたいへん迷惑しているということなのである。ある人々がたえず周囲に気がひけて、適応過剰で、すぐに自己譲渡してしまうのは、このように、自分の存在がいつも他人の迷惑になっていると感じることを心理的に強制されながら育てられたからである。

依存心の強い親は自分の親によって満たされなかった甘えを、自分の子どもで満たそうとするのである。しかし、三歳の子どもが親に甘えるようにストレートに甘えを出せない。そこで一般的倫理を持ちだしてくるのである。

この親子の悪循環をどこかで断ち切らなければならない。そしてこの断ち切るきっかけとして、知識は大きな役割を果たすことができる。

偽装して、一般的な倫理に対決できるためには、その正体を見破る必要がある。その正体を見破るのが心理学の知識なのである。

自分の感情は、はじめはどうしても、その偽装された一般的倫理を否定できない。しかしまずはじめに頭で、その偽装された一般的倫理を否定することはできる。

というのは、このようなものと感情的に対決するためには、自分の感情が能動的になっていなければならない。ところが、このように育てられた人に能動性を期待することは無理である。

頭で否定し、一歩一歩そのような人から離れはじめるしかない。

いずれにしても、一般的倫理の仮面をかぶった甘えの持ち主のそばを離れること以外に安心感は持てない。

身勝手な甘えがとおらないと暴力をふるう夫

ところで、今このことを親子関係で説明しているが、このことは恋人同士の関係でも友人関係でも、上司と部下の関係でも、当てはまる。

私がテレフォン人生相談をはじめて驚いたことの一つは、この関係が何と夫婦関係に多いかということである。夫が一般的倫理の仮面をかぶった甘えの持ち主で、際限のない要求に妻が疲れ果てて電話をしてくるケースは多い。しかし夫は自分が妻にいい気な依存心を持っているとは気づいていない。妻を際限もなく責め続ける。なぜ夫は気がつかないか。それは自分のいっていることが一般的倫理にかなっているからである。

先に、くどくど押しつけがましい説明をする人は避けよ、といったのはこのためである。人を判断するのに、その人のいっていることで判断してはならない。立派なことをいっている人が必ずしも立派なわけではない。

一般的倫理の仮面をかぶった甘えの持ち主は相手をほっておくことができない。

「ほっておいて下さい」といって、それに対して相手が異常な反応をしたら、どんなに立派なことを主張していても、信用できない。

夫がくどくどと押しつけがましく一般的倫理をいいはじめた。妻はついに、「ちょっと今は台所仕事をしなければなりませんので」といって立ち上がった。夫は猛烈に不機嫌になってしばらく押し黙っていた。やがてまた「君はそういう態度をよくとれるなあ、かなわないなあ、オレがこんなに疲れて帰ってきてるのに……」といって、また妻としてしたがうべき一般的倫理をいいだした。そこで奥さんが、「今はちょっとほっておいて下さい」といった。すると台所のテーブルをひっくり返し、お湯をひっくり返し、茶わんを投げつけ、異常な暴力をふるいだした。

これが、一般的倫理を主張する人の態度である。自分の身勝手な甘えがとおらないと暴力をふるう、これは立派なことをいう人にときどきあるケースである。立派なことをいう人で、あなたを〝ほっておけない〟人のそばからは一日も早く離れたほうがよい。

しかしほんとうにそばを離れる必要のある人は、〝ほっておいてくれ〟という発想そのものを持てない人なのである。夫婦、恋人同士なら、そのように一方が〝ほっておいてくれ〟という発想も出てくる。というのは、今までそのような偽装された一般的倫理に苦しめられていないので、はじめてそれに接して〝ほっておいて〟という欲求が出る。しかし親子の場合はなかなかこれがむずかしい。つまり生まれたときからほっておかれた経験を持っていないのである。常に責められていた。生まれたときから真綿で首をしめられていて、解かれたときが一時もないから、その苦しい状態以外の状態がなまなましく想像できないのである。

「ほっておいてくれ」と心のなかでいってみる

「おまえはおれのことをほんとうに愛していない」とたえず恋人から責められていた女性が、「そんなに責めないで」といった。男性は〝はっ〟と気づくどころか怒った。もちろんこの男性も、ストレートなことばで責めているのではない。

「オレと親父とどっちがたいせつだ」とか、「おまえは実家のことをたいせつにしすぎる」とか、いい続けるのである。それに女性が悲鳴をあげて「そんなに責めないで」といったのである。しかし、これも親子だとむずかしい場合が多い。生まれてから責められ続けているから、「そんなに責めないで！」という発想そのものがないのである。ご主人から過去の恋人のことをくり返しくり返し持ち出されて、「そんなに責めないで」と悲鳴をあげた奥さんもいる。しかしこの奥さんは、責められない人間関係を過去に持っているから、このような悲鳴をあげられるのである。

親の所有欲の強い愛に苦しめられた子は、「責めないで！」という発想そのものが出てこないのである。

関係が歪んでいれば歪んでいるほど、その関係から脱出できないというのはこの理由からである。

母親の無理解から人格が崩壊し精神科病院に入院した息子が「僕を理解してくれるのはお母さんだけ」というのもこのためである。この息子には「今はちょっとほっておいて」とか「そんなに責めないで」とかいう発想がそもそも持てないのである。

生きることがどうしようもなくつらい人、生きることが地獄になっている人、休む時間と場所があっても気持ちが休めない人、そういう人は、今自分に最も近い人に、「ほっておいてくれ」と心のなかでそっといってみることである。そのとき今まで感じたことのないものをふっと感じたら、もう行動の目標はハッキリしている。その人のそばを離れることである。

所有欲の強い愛であなたに接した人は、決してあるがままのあなたを愛してはいなかった、あるがままのあなたを許しはしなかった。いや、あるがままのあなたを憎んでいた。あなたが自分を憎んでしまったのも、所有欲の強い愛の人があるがままのあなたを憎んだからである。

別れることが目標になったとき、最大の障害は罪責感である。その人にさからうことに罪責感を覚える。しかし、それは今のあなたが歪んでいるからこそ覚える罪責感である。あなたが正常になったとき、あなたはもうそんな罪責感に悩みはしない。むしろ今の自分が気づいていないほんとうの罪に気がつくことはあっても、虚偽の罪責感は消えている。

何よりも所有欲の強い愛に取り囲まれると緊張する。したがって十分に自分の能力を発揮できない。

しかし、あるがままのあなたを受け入れてくれるところでは、あなたは存分に自分の力を発揮できる。

〝あるがまま〟を受け入れてくれる関係こそ

よく集中力がないことを悩んでいる人がいる。集中力がないということは、あるがままのあなたを受け入れてくれないという不安感をあなたが持っているからである。あるがままのあなたを受け入れてくれるところでは、あなたは集中力も持てるはずなのである。

性的不能などというのもこの典型であろう。あるがままの自分が許されない環境のなかで育ち、いつまでもあるがままの自分が許されないと感じているからである。

私の書いた『自明性の時代』という本を読んだある母親が電話してきた。この本に書いてあるように、自分の息子はイザというときに力を発揮できないのだ、という。たとえば、力はあるのだけれど入学試験などというとどうしてもだめだ、という。

その母親は、そのだめの原因が自分にあるなどとは夢にも考えていないのである。

僕が〝正常〟というのは、自分の力が存分に発揮できる、という意味である。そういう関係がまた正常な関係である。ただ、あるがままのあなたを相手が許しているにもかかわらず、許していないと感じてしまうのが困るのである。自分の親があるがままの自分を許さないと、自分の友人も、自分の恋人も、同じように許さないのだと感じてしまう。許す場合もあるし、許さない場合もある。

ただいずれにしても〝気の張る〟人とは決してつきあわないことである。いよいよ自信を失うからである。そして知識としてたいせつなのは、この世の中には必ずあるがままの自分を許してくれる人はいるのだ、ということである。あなたの親がたまたま、あるがままのあなたを許してくれなかった、ということである。

世の中には安心感を持って生きている人もたくさんいるし、ものごとにワーッと集中できる人もたくさんいる。その人たちはあるがままの自分を許されて育った人なのである。

あるがままの自分を許してくれているのだと感じる人の前では、またあるがままの自分を許してくれているのだと感じられる環境のなかでは、あなたは自分でも信じられないような力を発揮するに違いないのである。

しかし逆に、「そんなに責めないで」「ちょっとほっておいて」という発想すら持てないほど、あるがままの自分が許されないで育ってきた人は、どうあがいても集中力は出てこない。まず、我執の人と別れることである。

所有欲の強い愛情を持った人でも、恩着せがましいことばかりではなく、ときには〝ありがとう〟などということもある。

しかし、〝ありがとう〟ということばの裏に必ず何らかの意図が隠されている。ただの〝ありがとう〟ではないのである。〝ありがとう〟という自分を立派に見せようとしていたりする。また〝ありがとう〟ということによって相手にもっと奉仕させようとしている。あるいは〝ありがとう〟ということで、ギクシャクしている関係を修復しようとしている。

それが証拠に、そのようなことばに冷たく反応すれば、すぐに怒り出す。怒るけれども、決して〝ほっておく〟ことはしない。

「恋人のいうことが素直に聞けない」という人がいる。聞けない側に原因がある場合もあるけれど、いう側に原因がある場合もある。所有欲の強い愛情の持ち主のそれぞれのことばには〝ありがとう〟と同じく、裏に隠された意図がある。素直に聞けないのは、何となく裏の意図を感じるからである。

Aという男性のいうことは素直に聞けるが、Bという男性のいうことは素直に聞けない、という場合、Bという男性がどれほど立派なことをいっていてもBを結婚相手に選んではいけないであろう。

安心感がある、素直になれる、ものごとに集中できる、こうした生き方がほんとうの生き方であろう。

たった一度の人生なのだから

相互依存の関係を断つことはあなたのためであり、相手のためでもある

善意や好意を押しつける人間は

ある人が自分と〝かかわり〟たくないという態度を示したとき、その人を〝ほっておく〟ことのできる人が能動的な人なのである。

受け身の人、依存心の強い人は自分にとってある近さを持った人を、どうしてもほっておけない。したがって、近い人のある些細な言動ですぐ不機嫌になる。逆にいえば、どうしても、相手に対して押しつけがましさが出てしまう。

自分の恋人の心が自分から離れてしまったということを感じたとき、能動的な人はかつての自分の恋人を自由にする。つまり相手がかかわりたくないと知ったとき、相手をほっておく。しかし、受け身の人、依存心の強い人はここでまとわりつく。まとわりつき、相手の心変わりを責める。責めることで相手はさらに自分から気持ちが離れていく。相手の

不実を責めることで、相手のなかに残っていた愛のかたみまで失ってしまう。

そしてそれが別のもう一人への心変わりであるなら、その人に対してもうらみをいだく。ある人は、恋人の新しい女性に対する嫌がらせから、わざとその新しい女性を仲間はずれにしたパーティを開いたという。

このように、いつまでも相手にからんでいく。そして一般的倫理を持ちだして、相手をなじり続ける。

受け身の人のこの〝ほっておく〟ことのできない弱さは、失恋などに典型的にあらわれるが、日常的な行動においても本質は同じである。だからこそ、受け身の人、依存心の強い人と接すると、息がつまるような気がしてくるのである。自分の感情の自由が許されないので、妙な圧迫感を人は感じてしまう。

口でどんなに〝好きなようでいい〟といわれても、どうしようもなく気づまりなのである。〝好きなようでいい〟というのも相手のために好きなようでいいのではなく、好きなようにしてやっている自分の誇示だからである。

受け身の人が、どんなに善意や好意を示してくれても、何か逃げだしたくなるのは、善意や好意が押しつけがましいからである。

押しつけられた善意はもはや善意ではない。ある意味で悪意よりも不快である。というのは、一方で誘われ、他方で拒絶されているからである。本質的に他人を拒絶している人間の善意など、感謝する気にならない。しかし感謝しなければ感謝が足りないとなじる。

要するに、受け身の人間が、どんなに行為や善意を示しても、それは相手にとって束縛感以外の何ものでもない。

相手に自分を認めさせるための〝思いやり〟

われわれにとってたいせつなことは、立派なことをいい、立派なことをやることではない。能動性を自分のなかに育てることこそたいせつなことなのである。

立派なことをいい、立派なことをやっているのになぜか人が自分を避ける……こんなとき、どうしても周囲を責めたくなる、世の中を嘆きたくなる。しかし、やはりそれは間違っているのである。

そのような人はまず自分に問うてみることである。自分は相手に、自分から離れていく自由を与えているか、相手が自分とかかわりあいたくないとき、倫理を決して持ちださず相手をほっておけるか。もっと単純にいえば、生きていることが楽しいか、楽しくないか、ということである。

受け身の人は、たえず周囲に自分の窮状を訴えている。「よくそんなことできるねえ、たまらないなあ」というような発言をよくする。

たとえば、父親が家に疲れて帰ってくる。子どもが騒いでいる。能動的な父親であれば、「お父さんは疲れているんだ。少し静かにしてくれ」という。つまり明示的である。あるいは乱暴に「黙れ」という。しかし受け身の父親は、「おれがこんなに疲れて帰ってきているのに、たまらないねえ、どうしたんだ？」となる。つまり、この「どうしたんだ？」ということばが入る。上司が部下に対する態度とて同じである。

「もう少し手伝ってくれないかなあ」となる。能動的な上司なら「何やってんだ、ちゃんと手伝え」となる。

部下が何かの間違いをすると、能動的な上司は「こんな間違いをしちゃあだめじゃないか、これから気をつけたまえ」となる。受け身の上司は、わざとあきれた顔をして、「あれえ、どうしてこんな間違いするの？」となる。まるで、わざと部下が嫌がらせでもしているかのごとくなるのである。潜在意識下に被害妄想があるからである。十分に愛されていないという恐れがあるから、間違いを見つけて〝あれ？〟などとまず驚いてみせるのである。そして「こんなことやられたんじゃあ、たまらないねえ」と一応しめくくる。

そのあとはくどくどと同じことをいつまでもくり返している。受け身の表現が多い。「こんなことやられたんじゃあ、たまらない」と受け身でものごとを表現する。

受け身の人間の思いやりなど、ぞっとするものでしかない。「寒くないか、大丈夫か？」などといわれてみても、なぜか、うれしくないときがある。それは、受け身の人間の思いやりは所詮相手に対して自分の重要性を印象づけようとするものでしかないからである。

同じように「心配だなあ」といわれても、あるときには涙が出るほどうれしく、あるときは何かわずらわしくて、「ほっておいてくれ」となる。それは、その思いやりのことばをいった人が、受け身の人か、能動的な人かの違いによる。

つまり受け身の人は「寒くないか、風邪ひかないか？」ということによって、より相手を束縛しようとしているから、相手はなぜか不快なのである。

われわれは、言語的表現よりも、非言語的表現に敏感である。言語的表現と非言語的表現が一致したとき、はじめて思いやりの心に打たれるのである。

受け身の人の思いやりは、たいてい直接相手に向けられたものである。その人をほんとうに思いやっているのではなく、相手に自分の存在の重要性を示すための思いやりであるからである。「もう心配で心配で、じっとしていられない」などと自分の愛情深さを相手に印象づけようとする。

受け身の人間に〝殺されない〟ために

われわれは立派なことをいい、立派なことをする人から自分を引き離すことはむずかしい。しかし、そのような受け身の人によって、あなたの内面は食い散らされ、あなたの人生は安心感のない人生となってしまうのである。

あなたが安心感を持つためには、このような〝立派な人〟から離れることである。

イギリスの精神医学者レインが名言をはいている。

「自分の主体性が他者によって圧倒され侵害され凝結されるのをおそれている人間は、しばしば他者の主体性を圧倒し、侵害し抹殺しようと試みる」(『ひき裂かれた自己』66頁)

能動性のない人間は、他人の能動性を抹殺しようとする。受け身の人間に囲まれたあなたは、自分の能動性を抹殺されてしまっているのである。それらの人々がどんなに立派なことをいっても、その本質はあなたの自律性を攻撃し、あなたの能動性を抹殺しようとしているのである。生きていることに安心感を持てないあなたは受け身の人間に殺されようとしているのである。
また、あなたも同時に自分の部下を、自分の恋人を、自分の子どもを殺そうとしている。あなたの人間的特質を無価値にすることによって自分のアイデンティティを獲得しようと無益な努力をしている人から離れることは、あなたのためでもあり、その人のためでもあるのだ。

「他者の独自の人間的特質を無価値にすることによって自己の自律性とアイデンティティを取ろうと試みれば試みるほど、一層そうすることが必要だと感じられてくる」（前掲書66頁）

受け身集団の周囲のほうから不安なあなたを解放することはない。なぜなら、あなたを束縛すれば束縛するほど、周囲はあなたを束縛する必要があるからである。

あなたにとって、たった一度の人生なのです。あと何年生きられますか。それなのに、あなたの人間的特質を無価値にすることによって自分を守ろうとする人たちの間に、どうしていつまでも身を置いているのですか。

あなたが新しく生まれ変わるために

〝精神の誕生日〟をこうしてつくる

今、自覚すべきことは何か

あなたはくつろいでいいのです。伸び伸びとしていいのです。ゆっくりとして、ゆとりを持って生きていてもいいのです。

世界は決してあなたを傷つけようなどとはしていないのです。誰かに傷つけられないかと防衛的になったとたん、防衛的な心理の姿勢があなたをくつろがせなくしたにすぎないのです。

くつろぎを知らないあなたは、確かにかつてあなたを傷つけようとした人々と関係したかもしれない。あるいは現在もまた関係し続けているかもしれない。

しかし、だからといって、すべての人間があなたを傷つけようなどとしていないのです。

かつてあなたのまわりにいた人が、あなたに盲従を期待したからといって、すべての人間があなたに盲従を期待しているわけではないのです。

かつてあなたを傷つけよう、盲従させようとした人々との間でできたあなたの「にせの自己」であなたはすべての人に接しようとしている。だからくつろがないのです。ほんとうの自分を知られることを回避してきたあなたは、伸び伸びと生きることができなかった。

あなたは恐怖から人々の願望に盲従し、そのことで不安を避けた。あなたは恐怖から人々が自分に感じることを期待したように感じた。あなたは恐怖を内に含む盲従の子であった。ところが受け身で鈍感な人々は、あなたの盲従の内にある恐怖に気づかず、従順な子、模範的な子、とあなたのことを自慢さえした。あなたは他人が理解するとおりの人間でなければならなかった。

しかし、それはあなたの周囲にいた人々が虚偽の人生を送っていたからにすぎない。自分たちの人生の虚偽性から生じる不満をあなたにぶつけた。あなたを束縛することで、彼らは自らの人生の虚偽性から逃れようとしたのである。そんなことが成功するはずはない。

彼らはあなたに、「好きなようにしなさい」といったかもしれない。しかし、あなたが何になりたいという欲求をあなたから奪ったあとで、そういったにすぎない。

あなたは自分のうちにある自分の感じ方を恐れる。なぜならば、あなたの周囲にいた、あるいは今もいる依存心の強い人は、あなたの言動に敏感に反応し、傷つくからである。

そして彼らの不機嫌に接して、あなたは彼らの不機嫌を自分の責任と勘違いした。

彼らの過敏な反応、不機嫌は、彼らの生き方の虚偽性から来ているにすぎない。決してあなたの責任ではない。問題はあなたの言動ではなく、彼らの依存心なのである。彼らの人生の虚偽性に対してあなたが責任を負う必要はない。それに責任を感じるからこそ、あなたはくつろげないのである。

あなたがくつろぐためには、親や夫の幼児的願望に従順であることをやめ、親や夫がこうあってほしいと望む存在であることをやめることである。

あなたがそれらの人々がみなすとおりの存在であり続けるならば、今度はあなたが、自分の子どもに、自分の妻に、自分の部下に対して吸血鬼のような存在になってしまう。

あなたが誠実であるべきなのは、他人の幼児的な願望に対してではない。人間の情緒の成熟の法則に対してである。

帆をあげよ、船出せよ

あなたが今どうしてもくつろげない、どうしても安心感が持てないとすれば、「にせの自己」の生き方が唯一の生き方の可能性と確信してしまっているからである。しかし、その確信の間違いは何よりも、あなたがくつろげないということで明白である。

世界はあなたに微笑《ほほえ》んでいる。ただあなたがその微笑みに気がつかないでいるだけなのである。今までの世界はあなたを憎んでいた。ただあなたがそれを愛情と錯覚していたにすぎないのである。

世界は輝いてあなたの参加を待っている。ただあなたがそれを拒絶しているにすぎないのである。今までの世界はあなたを拒絶していた。ただあなたが、それに幻想の一体感を持っていたにすぎないのである。

なぜあなたは、恵みに満ちた光の世界に背を向けて、重苦しい荒廃した世界に向かうのか。それは恐怖からである。しかし人生をこわがる必要など、実はどこにもないのである。あなたはあなたを傷つける人なしには生きていかれないような錯覚を持っている。あなたはあなたを傷つける人に固着し、そのことであなた自身がまた他人を傷つける存在になっていく。

帆をあげよ。船出のときは来たのだ。

真っ白い帆を真っ青な海にあげて、光輝く地平線に向けて、今乗り出すのだ。

安心感に至る唯一の生き方は、港に繋留《けいりゅう》し続けることではなく、セールをあげて、沖へ向かって帆走していくことなのである。

倫理、愛、道徳、人の道などは、すべてあなたが生きている実在感を手に入れてから考えればよいことなのである。腹の底から生きていることが確実に感じられたとき、はじめて愛を語ればよいのである。自分が明らかに生きているという確信こそが、すべてに先立つものである。倫理の上に生の実在感が築かれるのではなく、まず生きているという体験があって、その体験の上に倫理が出てくるのである。活気ある自己の存在感をぬきに、われわれは決して真に倫理的存在たり得ないのだ。

そのことを忘れると泥沼に入り込む。もがけばもがくほど、泥沼に呑み込まれてしまう。努力すれば努力するほど、社会にとって害になり、愛すれば愛するほど、その人から血を吸い取ってしまうことになる。

あなたから安心感を奪った人は、活気ある自己の存在感ぬきに倫理を語った人ではなかったか。あなたがありのままのあなたとして存在してもいいのだという安心感を許さなかった人、その人は、生きている空虚さを感じつつあなたを愛した人ではなかったか。あなたにとって、その人の愛とは、その人の空虚さに取り込まれることであった。

生きていることに意味と希望を持っている人にあなたが愛されたら、あなたはその愛にくつろぎを感じたに違いない。

今、安心感の持てないあなたは、自分の周囲の現実を本気で検討することである。

あの人は依存心が強いか、自立心が強いか。憎悪と敵意をうちに秘めていないか、愛をうちに秘めているか。絶望をどんちゃん騒ぎでまぎらわしていないか、希望に安らいでいるか。感情が不安定であるか、安定しているか。

精神の療養生活こそ

昔、結核になった人は山里などに療養に行ったものである。そこで澄んだ空気に触れて肉体の病をなおした。同じように、精神の病も療養生活を必要とする。生きているという内的確信を持った人々のなかへ、何を犠牲にしても入っていかなければいけない。

あなたは、自分一人が精神の療養生活をすることに良心の苛責を感じるかもしれない。しかし安心感のないあなたの良心など、いったい何の役に立とう。そんな良心は、ただ他人にとって害になるだけである。

あなたの良心を現実化するためには、あなた自身が安心感、生きている実在感を手に入れなければならない。

他人にとって害になるだけの良心を後生大事にしているのは、あなたが自己中心性を心のなかに潜在させているからである。安心感のないあなたは依存心の強い人の憎悪を愛と勘違いした。同じように、自分の自己中心性を良心と勘違いしているのである。自分自身について勘違いしているから、他人についても勘違いしてしまったのである。今までは自分をも他人をも客観視できていなかったのである。

そのことが療養生活をしてみれば理解できるに違いない。恐怖と自己中心性が自分のものの見方の本質にあったことが、理解できる。

その恐怖と自己中心性から解放されたとき、あなたは新しい感覚を持って人生を生きていくことができる。そのときがあなたの精神の誕生日なのである。

新しく生まれたあなたは、昔のように良心だ、愛だ、倫理だ、ということばを過剰に使わなくても自分を説明できるようになっているであろう。

おわりに

依存心の強い人で、かつ強い立場にある人は、弱い立場にある人を「所有」しようとする。この本では、このことをいろいろの点から書いてきた。

これが典型的にあらわれるのが親子関係である。会社における上役と部下、学校のクラブにおける先輩と後輩、国における支配者と被支配者にも、もちろんこれは当てはまる。

このような場合、子どもは親の所有物となってしまう。そして依存心の強い人は、お互いにそれを愛情ある結びつきと錯覚しているが、そこには相手への愛も、相手の生命への尊重もない。強い立場にありながら、依存心の強い人は知らず知らずのうちに、弱い立場にある人を所有することによって殺しているのである。

強い立場にありながら、依存心の強い人にとって、権威への服従が最も価値の高いものである。弱い立場にあるものが、自らに服従しないとき、それは罪としか考えられない。彼にとって不従順は最大の悪である。

依存心が強く、かつ強い立場にある人は、自分にとって都合の悪いものはすべて悪として圧殺しようとする。たとえば、依存心の強い父親は家族の成員が家のなかで何かを主張することをいっさい許さない。小さい子どもの兄弟喧嘩はときに自己主張でもあるが、家庭内のいっさいの抗争は許さない。それは悪である。かくて子どもは、いっさいの攻撃心を自らのなかに抑圧する。抑圧された攻撃心は、その人を無意識下から不安にする。

したがって、依存心の強い人に所有された人は、さまざまなことで抑圧を強いられる。これで安心感を持てるわけがない。

『動物の親と子』(岡田要著)という本にオタマジャクシの次のような話が出ていた。

変態前のオタマジャクシの体から、まだホルモン分泌をしていない未熟の甲状腺を早目に抜き取っておくというのである。そうすると、そのオタマジャクシはいつまでたっても手足が伸びてこず、尾も短くならない。同期の他のオタマジャクシがこぞって蛙となって、陸に上がってしまったあとにも、ひとり長い尾をふりふり水中を泳いでいる。しかし成長は続けられていくので、その結果たいへん巨大なオタマジャクシができてくる。

この巨大なオタマジャクシの話を読んで、私は依存心を克服できないまま年だけ取ってしまったおとなを想像した。そして、甲状腺を抜き取られるということが「所有」されるということなのだ、と思った。また、「受け入れ」られるということが甲状腺ホルモンの分泌があるということなのであろう。

安心感のない毎日を送っている人は、巨大なオタマジャクシなのである。

自分が安心感を持っていなければ、年を取るにつれて自分がまた他人を「所有」する人間になっていく。今度は自分が他人に悲劇をもたらすのである。

依存心の強い人間に自分の精神を食い散らされた人間は、同じように弱い人々の精神を食い散らして生きていくことになる。今度は自分が他人の甲状腺を抜き取ることになるのである。

そうならないためにも、一日も早く自分のより強い立場にある人たちの欺瞞を見抜かなければならない。他人の甲状腺を抜き取ってしまってから、自分がそのようなことをしたのだということを知る悲劇を避けるためにも、一日も早くその人たちの欺瞞を見抜くことである。

ギリシャ悲劇のなかで、クレオンは最後に自分がそうと知らずに、妻や息子を殺したのだと気づく。そしてどこに助けを求めるすべもなく、「何という不幸な自分!」と叫ぶ。

クレオンの悲劇を避けるためにも、その人々の欺瞞を見抜くことが、あなたの義務なのである。

安心感を持って生きられないあなたは、あなたの周囲の人々の欺瞞を見抜く必要がある。この本がその一助となれば、著者としては幸いである。

この本を書くにあたっては、大和書房常務の谷井良さんにお世話になった。ここに感謝の意を表して、あとがきにかえたい。

一九八二年二月

著者

復刊によせて

小さい頃から長いこと人に気にいられるために生きてきた人がいる。気にいられることが生きる目的になってしまったような人がいる。周囲の人から自分の弱点と思い込まされていることが深く心の傷になっている。

嫌われるのがこわい。なぜならその弱点に気付かれているかもしれないということから。相手が自分を嫌いな訳ではない。自分が自分の弱点を嫌いなだけなのに。

無理をして人に気にいられることでしか生き延びることが出来なかった人である。そういう人間環境で生きてきた人である。それはありのままの自分が受け入れられなかった人の不安である。自分が固有の存在として受け入れられなかった者の悲劇である。相手のペットとしてしか生きることを許されなかった者の悲劇である。

相手のペットにならなければ、その集団から孤立して追放される。

フロムの言葉を待つまでもなく、人は「孤立と追放」を最も恐れる。「孤立と追放」を免れるためならば情緒的未成熟な人は何でもする。

「孤立と追放」を免れるために仮面をつける。偽名を使う。本当の名前では追放されると思い込んでいるからである。本当の自分を隠して常に偽名を使って生活している。

偽名を使って受け入れられても心の底では不安である。表面的にどんなに受け入れられても心の底は不安である。心の底では怯えている。

そういう人は常に相手の機嫌を害することを恐れている。自分の言った一言一言が相手の機嫌を害していないかと気にかかる。

そして機嫌を害していないことを確かめようとする。それはスパイが、敵陣にいて自分の正体がばれていないことを確かめようとするのに似ている。

テレンバッハは加害恐怖という言葉を使っている。偽名を使って生活している人は、相手に奉仕して相手が満足して安心する。

人が何よりも求めるものは安心である。

安心は生きる土台である。

良く人は誰でも幸せを求めるというが、人は幸せよりも安心を求めている。安心を得たものだけが幸せを求める。

人は誰でも幸せを求めると思うから間違える。

つまり世の中にはどう見ても幸せを求めていない人がいるからである。

命がけで不幸にしがみつく人がいくらでもいる。そこまでして不幸にしがみつかなくてもよいだろうというほど、不幸にしがみつく。そこまでするかというほど不幸にしがみつく。

それは外から見ると不幸にしがみついているのであるが、心理的にいえば、安心したいという心理にしがみついているのである。

偽名を使って生きていると言っても良いし、仮面をかぶって生きていると言っても良いが、とにかく「本当の自分」を隠して生きている。

「本当の自分」が分かったら、周囲の世界から追放されるといつもビクビクしている。皆に拍手されても心の底ではいつも怯えている。ナチス政権下で自分がユダヤ人でいることを隠して生きているようなものである。

仮面をつけること、偽名で生きること、それは人を欺くことであるし、自分を欺くことである。

人を欺くことでしか生き延びる環境でしか生きられなかった人たちがいる。それはナチス政権下で苦労をしたユダヤ人ばかりではない。

今の日本の家庭の子どもも同じである。ありのままの自分が許されていない子どもがいる。そういう人は生き延びるために親を欺く。その親と同じ屋根の下で暮らしているのである。そういう人が自分に自信がある人に成長するはずがない。

親の要求するような人間にならなければ生き延びられない子どもがいる。もちろんそれは少ないにしても、多かれ少なかれそうした点はある程度はある。

そうして成長した人は、今度は大人になり社会に出ると、そこで出会った人の要求するような人になろうと無理をして頑張る。その要求をかなえられないと不安になる。

またその要求をかなえられたかどうかについていつも心配になる。向上心とは、自分の出来ることの中で頑張ることなのに。

自分の出来ないことをしようとして、無理するのは向上心ではなく劣等感である。

付き合いたくなくても無理をして付き合う。そのうちそうした行動が習慣化してくると、自分はこの人と付き合いたいのか付き合いたくないのかさえ分からなくなる。

習慣的に付き合うようになるといつの間にかロボットのようになる。

そういう人が、仮面を脱いで本当の自分の意見を言ったときにどうなるか。それは道に迷った心細さである。

自分一人なのに、自分は道を知らない。自分で自分が頼りない。単に自分の意見を言っただけなのに凄く悪いことをしたような感じになる。人に迷惑をかけたような気持ちになる。

極端な言い方をすれば、何か取り返しのつかないことをしたような気持ちである。相手に対して罪を犯したような気分である。

他に頼るものがないのに、自分に頼れない。何とも心許ない気持ちになる。この心理状態を一刻も早く逃れたい。そこで闇雲に人に同調する。

単に自分が思っていることを主張したのに、もの凄く傲慢な態度をとったのではないかと心配になってくる。そして相手は自分のことを傲慢と思ったのではないかと心配になる。

その夜はなかなか寝られない。

他人の期待に添うことで生きてきた人は、いつも自分の言動が他人の期待に添えたかどうかを心配する。

そして仮面を外して自分の意見を述べたときには、その不安は頂点に達する。そして自分の意見を言った日の夜はそれが心配で眠れなくなる。人生の課題に直面して、自分を犠牲にすることでしか乗り切れない。自己消滅型の人である。

誰にとっても未経験のことを経験することはしんどいことである。

小さい頃から自分に頼って生きてきた人なら、他人がどう評価しようが、それは他人の問題で、しょうがない。そう思える。しかし他人の期待に添うことで生きてきた人は、そこでもの凄く不安になる。空中を歩いているような気持ちである。

長いこと辛い人生を必死で生きてきた。その自分の人生に目を向けよう。今まで必死で生きてきた過程が自分自身である。

その素晴らしい自分の生き様に自信を持とう。人生は結果ではない。今まで一人で必死に生きてきた態度である。

そのありのままの自分の価値を信じよう。

本作品は小社より一九八二年四月に刊行されました
同名書籍に「復刊に寄せて」を加筆したものです。

加藤諦三（かとう・たいぞう）

1938年、東京に生まれる。東京大学教養学部教養学科を卒業、同大学院社会学研究科修士課程を修了。早稲田大学名誉教授、ハーバード大学ライシャワー研究所客員研究員、日本精神衛生学会顧問。ラジオのテレフォン人生相談で、半世紀以上出演中。著作は文庫を含めると600冊以上、海外での翻訳出版されたものは約100冊、アメリカ、カナダ、ドイツ、フィリピン、韓国など世界中で、講義、講演を行なっている。外国の著作で日本語に翻訳したものは、40冊以上。

だいわ文庫

安心感《あんしんかん》

自己《じこ》不安《ふあん》を「くつろぎ」に変《か》える

著者 加藤《かとう》諦三《たいぞう》

二〇二一年一一月一五日第一刷発行

発行者 佐藤 靖

発行所 大和《だいわ》書房

東京都文京区関口一―三三―四 〒一一二―〇〇一四

電話 〇三―三二〇三―四五一一

フォーマットデザイン 鈴木成一デザイン室

カバーデザイン 小口翔平＋三沢稜（tobufune）

本文デザイン 荒井雅美（トモエキコウ）

本文印刷 信毎書籍印刷 カバー印刷 歩プロセス

製本 小泉製本

ISBN978-4-479-30891-1

乱丁本・落丁本はお取り替えいたします。

http://www.daiwashobo.co.jp